协和名医

新婚必读

郎景和 主编

中国妇女出版社

图书在版编目（CIP）数据

协和名医·新婚必读 / 郎景和主编. -- 北京 : 中国妇女出版社，2021.6（2024.4重印）
ISBN 978-7-5127-1918-7

Ⅰ.①协… Ⅱ.①郎… Ⅲ.①结婚－基本知识 Ⅳ.①C913.13

中国版本图书馆CIP数据核字（2020）第196045号

协和名医——新婚必读

作　　者：郎景和　主编
责任编辑：应　莹　闫丽春
封面设计：季晨设计工作室
责任印制：李志国
出版发行：中国妇女出版社
地　　址：北京市东城区史家胡同甲24号　　邮政编码：100010
电　　话：（010）65133160（发行部）　　65133161（邮购）
网　　址：www.womenbooks.cn
法律顾问：北京市道可特律师事务所
经　　销：各地新华书店
印　　刷：北京中科印刷有限公司
开　　本：170×240　1/16
印　　张：13.25
字　　数：177千字
版　　次：2021年6月第1版
印　　次：2024年4月第2次
书　　号：ISBN 978-7-5127-1918-7
定　　价：49.80元

序
PREFACE

这套书是我院几位教授所著的“协和名医”系列，此次为再版。时隔几年，又发新声，可喜可贺!

我国发展进入了第十四个五年规划，“人人享有健康”“健康中国”是我们的发展目标。对于女性同胞的健康，最重要的是预防疾病。以预防为主，科普宣传其实就是最好的预防。我们要注重身体检查，包括妇科检查，甚至要接受某些疾病的筛查。我们要树立把“医生让我去检查”，变成“我要找医生做检查”的理念。

作为医生，我们要对女性进行全生命周期的管理，或者一生的保健和诊治。从青少年、生育期，到围绝经期及老年，都是我们要关注的阶段，也是每位女性都要留意的阶段。

这几本书主要讲述了与女性相关的健康与保健、疾病的预防与诊治、性生活常识等问题。这些都是广大女性非常渴望知道的，应该说也是必须知道的保健道理、防病治病与健康生活的常识。

这些年，妇产科学作为一个重要专业有了很大的发展。所以，这套书注入了很多新观念、新进展，甚至新技术、新方法，但是，我们给予大众的都是成熟的经验和成熟的认识。希望大家会从这本书里获得裨益。

祝各位幸福安康!

二〇二一年春

目录
CONTENTS

PART 1
婚前准备篇

告别单身

精选物品

PART 2
性爱篇

走向婚床

初涉爱河

性爱艺术

应对性问题

学会避孕很重要

性传播疾病常识

PART 3
家庭和谐篇

初为人夫

初为人妻

宁静港湾

婚姻红灯

PART 4
优生篇

做好孕前准备

进行必要的检查

预防出生缺陷

PART 5
法律篇

如何缔结一个有效的婚姻

婚姻生活中受法律约束的内容

离婚与继承

PART 1

婚前准备篇

▶ 告别单身

爱之果成熟了吗

当爱情开出它最绚丽的花朵之时，那芬芳四溢的花香令人陶醉，幸福使你不由自主地闭上眼睛。朦胧之中，爱之果已悄然挂上枝头，仿佛伸手可及……

爱之果成熟了吗？此时，你是否这样问过自己？此时，你是否理智地睁开了你幸福的双眼，仔细地审视那近在咫尺的果实是否已丰硕饱满，成熟得足以令你们终身品味？

成熟的爱之果包含着情感的完全成熟。

你们彼此信任。你们不再为一点儿误会而闹得天翻地覆，你们坚信你们之间的爱足以使对方在任何情况下都不会弃你而去，你对所爱的人全心全意的付出将获得对方同样的爱的回报；你拥有完全的自信和自豪，虽然你的爱人不是世界上最优秀、最聪明、最漂亮的，但他（她）在你眼中却是最可爱、最值得信赖的，他（她）的怀抱是你生命中最安全的依托、最宁静的港湾。

你们彼此忠诚。你们互相已选定对方是自己的生活伴侣，不再左顾右盼。为了那一份值得珍惜的爱，你们愿为对方献上自己的忠诚。即使爱不是永恒的，但在你们真心相爱，彼此相拥着走进婚姻的时候，你们是彼此情感世界的唯一。

你们彼此宽容。你欣赏他（她）的优点，也能谅解他（她）的缺点，他（她）的一切你都能包容和接纳。你们之间也许无法避免矛盾和争吵，但你们彼此的宽容足以化解一切危机，包容一切琐碎的纷争。

你们彼此理解至深。相知是你们相爱的基础，你们了解对方的性格和品质，在生活态度上彼此相容，在任何情况下，都能够站在对方的角度为对方着想。他（她）成功了，你会为他（她）自豪；他（她）失败了，你不会对他（她）抱怨，而是给予他（她）别人无法给予的激励。你们是伴侣，更是知音，是彼此人生中弥足珍贵的那个人。

成熟的爱之果也包含着心理的完全成熟。

你们已经长大，不只是身体，更是心理，已经具备完全的独立能力，独立地面对世界、面对人生、面对自己的选择；你们不再是父母面前撒娇的孩子，不再视父母的家为自己的避风港，而要独自走出家门，去和自己相爱的人建立自己的小家；你们有能力独立处理自己的一切，可以无怨无悔地承担自己选择的后果。

你们已有足够的心理准备迎接婚姻，也有足够的心理承受力承担婚姻和家庭的责任，你们将为此付出，他（她）也将为此做出某些牺牲，你们充分地明了婚姻的含义。

成熟的爱之果还意味着对建立小家庭达成的共识，能够展望共同的未来。

你们愿意共同生活，不但在感情上进入伴侣关系，也愿意进入经济上的伴侣关系。你愿和他（她）分担家庭费用，增加家庭积累，建立舒适温馨的属于你们两人的小家。

你们都喜爱孩子，共同渴望有一个聪明美丽的爱的结晶，你们将心甘情愿地为你们的下一代付出父母无私的爱心。如果你们两人或其中一人愿意选择单纯的二人世界，不想承担抚育孩子的重任，那么，你们要有充分的协商和共识，能够承受或尊重双方或一方的选择。

在这一系列理智的审视之后，你和他（她）都确信，那诱人的、甜美的爱之果已经成熟，那么，毅然地告别单身，携手走向婚姻的圣坛，会是你和他（她）美好的人生选择。

婚姻意味着什么

在迈入婚姻大门之前，你是否做过这样的思考：

新婚，究竟意味着什么？

“婚姻不是最大的幸福，便是最大的痛苦。”一位名人的断言，一语道破婚姻对于人生的重要性。可是，却有许许多多男女未及深思，就匆匆进入婚姻这个“围城”，而后发现婚姻远不是他们想象的那样，带着深深的失望，他们最终只能选择绝望的突围或无奈的困守。这便制造了人生最大的痛苦。

那么，如果能够认认真真地想一想呢？能够明明白白、胸有成竹地迈入婚姻的大门吗？也许你能避免跌入婚姻的悲剧，也许能够创造一个成熟和美满的婚姻。

婚姻，首先意味着单身生活的结束，同时也意味着单身自由的丧失。恋爱中每一次难舍难分的约会都使相爱的双方急切地期望长相厮守，如果在这种激情的渴望中，想到的只是婚姻将带来的甜蜜，而无视婚姻所造成的束缚和你将为此做出的牺牲，那么，婚后也许会有缕缕失望，因而异常怀念那昔日单身的自由；或者无所顾忌一如婚前那样，依旧随性而动，逍遥自在，伴侣的不满恐怕会随之而来。所以，进入婚姻之前，最好这样问自己：我愿意为婚姻的幸福而放弃单身的自由吗？或者，我和我的伴侣能有充分的信心为我们的婚姻制造一种宽松的氛围，在自由和安宁之间寻找到一种平衡吗？

婚姻，意味着责任，对家庭的责任，对伴侣的责任，还有对孩子的责任。单身时你只需对自己负责，甚至把自己完全交给父母，依赖于父母的庇护；婚姻却使你为人夫为人妻，还要为人父为人母，你必须承担养家的责任，对你的伴侣给予关心和体贴，施予爱心和保护，你有使他（她）幸福的责任。如果你们共同创造出一个小生命，那么，你将为他（她）的成长付出十倍、百倍、千倍的辛苦和劳累。婚姻使你获得爱的甜蜜、家的温馨，但同时赋予你无可逃避的责任。你愿意承担吗？能够承担吗？

婚姻意味着朝夕相处，周而复始地度过一日又一日、一年又一年平凡的生活，在琐琐碎碎、平平庸庸中，激情将会逝去，热恋不复存在，爱的浓情蜜意会变得平平淡淡。平平淡淡才是真，你能够从从容容地接受这一份平淡，而后在平淡中品出一种血肉相连、生死相依的深情吗？

婚姻意味着在孤独的人生之旅，拥有一个相濡以沫的伴侣，在持久和谐的婚姻生活中，他（她）和你生命交融，心心相印。在日积月累的平淡中会埋藏无数细小珍贵的回忆，也许曾有冲突，也许曾经迷失，但深挚的伴侣之情始终不会泯灭。所以，你选择的伴侣可以不是最完美的，却必须是最合适的。他（她）符合你的生活要求和生活目标吗？他（她）和你志同道合吗？如果是，你愿意为此给出一生的承诺，和他（她）一起相依相携，共同走完人生的漫漫旅途，并始终如一地珍惜历尽沧桑的伴侣之情吗？

如果你确认已对婚姻的意义有了足够的了解，对婚姻有了充足的准备，你相信那是你和你的伴侣人生幸福的起点，你愿意为此牺牲某些个人的自由；你会自觉且有能力承担责任；你能够忍受平淡并在平淡中寻求生活的真谛；你将无怨无悔地和你所选择的人相伴而行并始终不渝，那么，你可以坚定地迈入婚姻的大门，坦然地、甜蜜地接受亲朋好友的祝福。

▶ 精选物品

合适家具的选择

有家就得有家具。要结婚了，可以先不置办彩电冰箱，也可以不铺地毯，不贴壁纸，甚至可以不开伙，先到父母家或下馆子吃一阵，但不能没有床和衣柜。家具是新婚夫妇除了住房以外要面临的第一位物品选择。

要合适地选购一套家具，首先应知道家具的作用和功能，它们具有坐卧、凭依、悬挂、储藏、搁放、分隔等使用功能和创造室内环境气氛的艺术欣赏功能。

一般来讲，选择一套适宜的家具，应从以下几方面考虑。

（1）根据住房条件来选择

按我国人均住房面积的现有水平，新婚夫妇的住房一般都不大，往往兼有卧室、客厅、餐室、书房多种功能，购置家具时，应少而精，可配置线条明快、造型简洁大方的折叠式家具和组合式家具，一物多用。特别要注意不宜选用横向、面积大而低矮的家具，应选高一些的，以充分利用空间，扩展活动区。当然，如果你的住房很宽敞，则不必受此制约，尽可根据不同房间的不同功能合理配置家具。

（2）家具风格应统一

注意家具的统一风格和整体的韵味，是购置家具时不可忽略的，否则可能花了很多钱，东一家西一店地买来高档家具放置于一室，却把新房搞得不伦不类、杂乱无章。所以家具最好成套地买或尽量挑选式样、颜色的格调较协调一致的，力求形成统一的风格。这样也才能显示出主人的品位和修养。如果自己原来已有部分家具，只需再添置几样时，也应本着和谐的原则，或者把原有的家具改造一番，重新用油漆上色，与新买的家具风格协调起来。

（3）确定好自己需要的家具类型

家具的种类很多，从大的分类看，一般有单件家具、折叠式家具、组合式家具及多功能家具。单件家具虽有很大的灵活性，但不利于对室内空间的利用，放在一起也很难协调。故近年来，家庭更趋向于采用折叠式、组合式、多功能式家具。

折叠式家具：顾名思义，就是腿和板可以折叠的灵活家具，不用时折叠起来，用时打开，其最大特点是节省室内空间，解决住房空间紧张的难题。

组合式家具：就是把几种标准部件组成的单件家具，根据使用的不同需要，进行不同的排列、叠合，形成一个整体。其优点是能适用多种房间的尺寸，并可随意组合，灵活、方便、经济、美观。

多功能式家具：就是把两种功能以上的家具组合在一件家具上，使之一物多用。常见的多功能式家具有柜床、柜桌兼并的两用柜，沙发与床相结合的两用沙发（沙发床）等，很适合小面积居室使用，灵活、方便、美观。

（4）选择好家具的色彩

家具的色彩在整个房间色调中所占的地位很重要，对室内的装饰效果起着决定性作用，因此不能忽视此项选择。家具的色彩一般既要符合个人爱好，更要注意与房间的大小、室内光线的明暗相结合，要通盘考虑墙、地面的色彩互相协调，但又不能太相近，颜色太相近没有了反差相互衬托，也不会有好的效果。对于较小的、光线差的房间，不宜选择太冷的色调；大房间、朝阳的，可以有比较多的选择。另外，应考虑到不同面积、不同功能的房间（如住房比较多的）色彩可有不同，因为所产生的效果不同。如：浅色家具（包括浅灰、浅米黄、浅褐色等）可为房间营造宁静、典雅、清幽的气氛，且能扩大空间感，使房间明亮爽洁，适用于小型居室（如是卧室，则适合暖一些的色调）；中等深色家具（包括棕黄色、橙色等色彩较鲜艳的）可使房间显得活泼明快，适用于客厅类的房间布置；深色家具（包括栗色、深褐色、铁红色等）端庄、凝重、质朴，适用于书房等。当然，这也不是绝对的，有时所有家具以一种颜色为主，大面积使用也会有意想不到的艺术效果，关键在于搭配要协调。

（5）把好质量关

应掌握以下挑选要点：

①仔细验看厂名、厂址、合格证，无此3个基本条件的产品不盲目购买。

②漆水——离开1米，比较全套家具颜色、花纹是否相近；稍近看漆面是否有雾样感觉，如有，则是气候不好时漆成的，效果不理想；凑近看是否有针孔样的白色麻点，如有，则是油漆过程中有气泡所致，也属质量疵点。

③鉴定含水率。可以用手摸没有油漆处，一般可以感觉干燥程度，而

在使用过程中，如出现内衬档相应部位的漆面变色、榫接松动、门扇弯曲变形开关不便等，说明原材料含水率过高。

④检查抽屉。要求：手感光滑、抽拉顺畅、榫接牢固。屉板上如有结子，本色的无妨，如是黑色结子则为死结，往往会脱落造成漏洞。抽屉外拉至2/3时，下垂度不应超过20毫米。其他地方如各层隔板，以及锁链、螺丝等，都要用手轻摸，检查是否有毛刺等。

婚床的选购

人一生有1/3的时间是在床上度过的。床，是人们睡眠休息的场所，自然要好好选择。

选择床时，除了美观方面的考虑，更重要的当属舒适，只有睡在上面感到舒适，才能称为好床。

床的种类很多，有沙发床、弹簧床、绷子床、竹床、木板床，近年来还出现了水床、消声床、气垫床、音乐床、按摩保健床、情调环境床等。传统的单一型休息工具——床，已向着集休息、享受与理疗保健于一体的多功能卧具方向发展。

不管是什么床，你在购买前都必须先躺下试试，并注意下列几点：

①床的长度、宽度是否足够。床长最好比就寝者长20厘米～30厘米，尽量宽阔（当然要依据卧室面积大小定），才有利于睡眠时充分放松身心。

②床的支撑性是否适当。可坐在床角，然后站起，观察床是否很快恢复原状，若弹性不佳或反弹不快，均非上乘物。

③舒适性是否足够。要判断这一点，必须亲自躺下，左右翻滚。好的床的内衬材料不会有移动或高低不平现象。

④床是否平整。翻滚到床沿处时床沿应不会下坠，否则睡觉时很容易翻落到地上。

至于床的高低，一般以略高于就寝者膝盖为宜。太高，上下吃力；太低，通风不良，易于受潮，总是弯腰也不方便。

温馨合意的床上用品

有了一张好床，不能不配好的床上用品。即便是在经济状况不好的年代，我国民间尚且那么重视新娘出嫁时对床上用品的准备，在人民生活水平日益提高、物质愈加丰富的今天，就更不能忽视了。

①床单床罩：选购时应结合床的款式，如是席梦思床可选大尺寸的西式床单；如果是两边有床头的，还是应选中式床单。床单的质地以纯棉为最好，柔软舒适，吸湿性好。不宜用太粗厚的床单，睡着既有粗糙感，洗涤也比较困难。太疏松的布料也不宜选用，尘土会通过织眼沉积在褥垫上。

如今床罩的款式和品种相当多，花色也越来越美丽。选购时，更主要的应考虑它的装饰效果，应与居室的整体布置和色调统一考虑，尽可能与家具、帐幔、窗帘、桌布等的色彩和风格相协调，在和谐中体现美。目前市场上流行的新颖精致的豪华型床罩颇受人们喜爱，它能使卧室充满富丽堂皇的情调，给你的新婚生活增添温馨和美之感受。重要的是选择适合你的。

②被子：民间称“喜被”，一般都是购买好被面、被套和被里自行缝制，但现在的年轻人也有喜欢购买现成的羽绒被的。既然是新婚用的，被面自然以绸缎的为好，显得富贵华丽，也更喜庆。绸缎被面的品种很多，主要有提花、印花、绣花三大类。花色图案也很丰富，像“二龙戏

珠”“喜鹊登梅”“龙凤朝阳”以及一些大花和带有“囍”字的，喜庆气氛都很浓郁。被里应以吸湿性好的棉织品为首选。现在市场上还销售被罩，不妨也买两套在婚后使用，套在被子上既可免去拆洗被褥的麻烦，节省时间，也方便卫生，有利于健康。

③枕头：枕头一般由枕芯和枕套组成。过去用的枕芯多是谷壳、荞麦皮、芦花芯，现在多为羽绒等。后者虽用起来柔软，看着时髦，但保健功能不如前者，而前者填充成的枕头往往比较硬，舒适感相对较差。

枕套的种类很多，质地上可分为绸缎枕套、棉布枕套等。式样和花色也很多，可根据自己的喜好结合其他物品选择。不过枕套以及枕巾均以棉制品为好，这样使用起来枕巾不至于总是滑落。

枕头有一对的，也有“连枕”，新婚者选购一套“连枕”也是别有一番意义的。枕头高度以人侧躺时，头枕在上面与肩平行为宜，一般软料芯的（如羽绒等）一人要用两个才能达此标准。

④床上饰物：现代人生活比较讲究系列配套，在你们新婚的床上如能适当增置点儿小饰物，既可增加舒适感，也多了一些情趣。比如，可在床上放置两个温馨典雅的靠垫，或放几个毛绒玩具，都会使你的房间生动活泼起来，营造出浓郁的生活氛围。当然，务必注意宁精勿多，否则弄巧成拙，造成杂乱感。

清洁耐用的厨房用品

婚后的家庭生活缺少不了一套完备的厨房用品。一日三餐，如果厨房用品选择得当，使用起来既省时，又省力。

在炉具方面，双口的燃气灶最为常用，火力大小应能调节。这样可以根据不同的烹饪需求选择不同的火力，既能提高烹饪效率，又能节约能源和费用。在购买炉具时，应选择质量可靠的大品牌产品，这样的产品更安全、耐用，是你厨房中的好帮手。

此外，电磁炉以其升温快、热效率高、无烟尘、体积小巧、安全性好和美观大方等优点，受到大多数家庭的欢迎，新人在选购时应注意以下几点：不要在电磁炉工作的状态下移走锅具，或在炉面上放置铁汤勺等不应加热物；按说明书的检测时间要求来观察电磁炉是否能报警或自动切断电源；还可以在电磁炉不工作时，把电磁炉翻过来晃动，风扇的扇叶与轴、轴与轴承间应无间隙、不松动；而通电后，电动机应无明显的噪声或摩擦声，扇叶的转动应平稳、无摇摆旋转等现象。

在外观方面，优质的电磁炉一般很整洁、图案字形清晰，塑料配件无明显的凹凸不平，上下盖配合紧密，内部结构布局合理、安装牢固、接触可靠，灶板以选用陶瓷玻璃为佳，钢化玻璃的性能略差。

抽油烟机可分为靠壁型、抽拉型与岛型3种，前两者比较适合新婚夫妇使用。为了有效地吸收油烟，减少污染与清洁的麻烦，将抽油烟机安装在距离炉面60厘米～65厘米处最佳。对厨房油烟起阻隔作用的滤网，在清洗上是让人头痛的一件事，新型的油烟机滤网，一般都可以放进洗碗机里清洗，或浸泡在洗洁精水中，清洁十分方便。

大多数人认为双水槽比单水槽更为便利。实际上，有大小之分的双槽由于存在尺寸固定，放置时位置要求较高等局限，新人最好选择较大的单水槽。有些较大的单水槽，不仅附有滴水篮，并且可随心所欲依个人需求变换摆放的角度与方式，更容易融入新房的整体风格中。

为了节省洗刷碗筷的时间，很多新人会选择一款方便、节能的洗碗机。在选购时，注意规格不要太大，700瓦的功率比较适合两个人的小家庭。在洗碗机的外观和质量上，除了看洗碗机外形是否美观大方外，外壳的漆层是否均匀一致、光洁平滑，门扣是否松紧适度、牢固可靠，碗筐的焊接是否牢固，底部的滚轮是否灵活，在拉出碗筐的过程中有无卡滞现象等都很重要。此外，用手拖动程控器，要求程控器在运行过程中平稳、均匀。洗碗机的选择开关应灵活、可靠。

把洗过的碗和碟子摞在一起放在橱柜里，不利于碗碟的通风干燥，刚洗过的碗碟朝上叠放在一起很容易积水，加上橱柜密闭、不通风，水分很难蒸发出去，自然会滋生细菌。而且，碗碟摞在一起，上一个碗碟底部的污物全都沾在下一个碗碟上，很不卫生。

要保持碗碟的干燥和清洁其实很简单，可以在洗碗池旁边设一个碗碟架。清洗完毕，顺手把碟子竖放、把碗倒扣在架子上，很快就能使碗碟自然风干，既方便，又卫生。

另一个办法就是选购一台消毒柜。消毒柜的主要目的就是对餐具进行杀菌、储存、保洁，不同的消毒温度、紫外线强度、臭氧浓度、消毒时间等因素都将直接影响到灭菌效果，购买时要注意产品是否有权威卫生部门的卫生检验报告及质检部门的质量检验报告。

而且消毒柜应放置在干燥通风处，离墙不宜小于30厘米。平时最好将餐具洗净沥干后再放入消毒碗柜，碗、碟、杯等餐具应竖直放置。消毒期间不要开门，手和餐具不要碰辐射板，以免被烫伤或损坏机件。

除了以上这些大件的厨房用品外，日常的锅碗瓢盆、案板、刀具等也不容忽视。

锅的品种很多，铁锅主要用来炒菜，不仅味道好，还能补充人体需要的铁，但相对较沉；铝制品虽有轻便、导热快的优点，但由于有害于人体健康，使用它的家庭也越来越少；高压锅省时间、省燃气，很适合新婚家庭，不过选购时一定要注意质量，使用时也要多加小心；砂锅通常用于炖煮，保温效果比较好。

炊具的制作材料一般可分为铝制、铁制、不锈钢等。其中，不锈钢制品因美观、轻便、耐用等优点比较受欢迎。

另外，在选购炊具时，应注意检查炊具表面是否平整、光滑，盖子是否严实，特别是选购电磁炉、电饭锅等炊具时，一定要注意检查炊具的电源线及其效果，接触是否良好，以防漏电。

在餐具方面，中、西餐具各备一套比较适合新婚家庭。中餐具方面以陶瓷为主，选购时要看陶瓷有无裂纹、破损，碗口是否圆滑。主要包括盘子、碗、勺子、筷子等。

其中，筷子和口腔的接触最直接、最频繁，存放时要保证通风干燥，把筷子洗完后放在橱柜里，或放在不透气的塑料筷筒里，这些做法都是不可取的。最好选择不锈钢做成的、透气性良好的筷筒，并把它钉在墙上或放在通风处，这样能很快地把水沥干。

西餐具比较讲究成套的，从大到小排列的盘子，配上不锈钢的餐刀、叉子、勺子、白色餐巾等，整齐有序。

金银首饰的选购

金银首饰是人们日常生活喜爱的饰物，更是新婚佳侣不可缺少的信物。择好婚期，那么就该订好象征婚约和幸福的戒指了，男方或许还要为心上人选购几样精美的项链、手链。那么，如何选购呢?

首先应懂得辨别黄金制品的含金量和成色。黄金首饰上通常都应标有“K”字，若是1K，说明含金量是4.15%；18K金的含金量是74.7%；

24K金的为99.6%，亦即所谓的足金。实际上，若从美观角度讲，还是18K金闪闪发亮，耀人眼目，也结实耐用，且价格更便宜些，故越来越受到人们喜爱。

至于黄金首饰的款式，随着制造工艺的不断发展，现在花色品种日益繁多，且不同时期有不同的流行趋势，可根据个人爱好和时尚品位加以选择。

有的人对银首饰情有独钟，鉴别的方法是：成色高的银首饰掂起来有沉重感，抛在台板上有“扑嗒”声，而且跳不高；从颜色及外观看，它洁白、细腻，有光泽。而伪劣银饰品则相反，它轻飘，落在台板上声音尖亮，而且不光洁，色泽差，做工粗糙。

珠宝饰品的鉴别与选购

珠宝饰品象征着高贵、富有、华丽。人们的生活水平提高了，喜爱用珠宝饰品美化生活的人也多起来了，新婚夫妇更是如此。但是，很多人面对琳琅满目的宝石，却很难准确地识别和挑选。

宝石是一种天然的矿石。自然界的矿物有3000多种，而其中宝石仅有百余种，经过人们精心加工打磨镶嵌的仅20种左右。也正因为如此，宝石以它的美观瑰丽、坚韧耐用和罕见稀少而弥足珍贵。

宝石通常分为两大类：一类是有机宝石，如珍珠、琥珀、珊瑚等；另一类是无机宝石，如红宝石、绿宝石、蓝宝石、钻石、翡翠、紫晶、黄玉等。这当中，有一些宝石又被人们做了特殊的归类，如钻石、祖母绿、红宝石、蓝宝石被称为四大高档宝石。而另一种特殊归类是把钻石、祖母绿、红宝石、蓝宝石、翡翠、珍珠称为“五皇一后”。

作为“宝石之皇”的钻石，是世界上硬度最高的物质，若把它的硬度定为10，其他无机宝石的硬度则在6.5～10，而普通的玻璃硬度在5.5以下，所以宝石可轻易地划断玻璃。最好的钻石应是无色透明的，如有杂质则呈现不同的颜色。酒黄色、豆青色、湖水色、紫色稍次，暗黑不透明的是最下品。

在珠宝行业日益发达的今天，因钻石昂贵、稀少，珍珠的耐用性稍差、色彩不够瑰丽，翡翠因而成了首饰、玉器、古玩中的上品。它以其柔润的质地、艳丽迷人的色彩、端庄典雅的风姿，备受人们喜爱。

翡翠的主要产地为缅甸。它是纤维状或细粒状硬玉矿物的集合体，因含有少量杂质三价铬，故呈绿色，硬度为6.5～7.5，比重为3.3～3.4，抛光后有玻璃光泽或油脂光泽，折射率为1.66～1.68。近几年来，因翡翠需求大、货源紧缺、价格高，出现了不少冒牌货。这些冒牌货多是一些与翡翠相似的天然代用品，常见的有澳洲玉、加州玉、软玉、钙铝榴石、独山玉、东陵石等。

简单地说，用肉眼观察区分真假翡翠应注意5点：

① 色要正，鲜艳明亮，光泽强，分布均匀，像翠绿的西瓜皮。

② 明，即水色足，呈透明、半透明为上品。

③ 构，翡翠结晶颗粒越细越好，以10倍放大镜下分不清结晶颗粒为佳。

④ 疵，即包裹体，如黑点、黑钉、白钉、沙包、黑丝等，以10倍放大镜下见不到为佳。

⑤ 裂，即裂纹，要仔细观察其所在部位、长短、粗细及隐蔽程度。

需要指出的是，挑选宝石一般要讲究纯度，纯度越高越好。但有些宝石则不然，如名贵的猫眼石以含有杂质为真品。常见的猫眼石呈灰绿色或褐色，真品的标准是“上一线，下一片”。猫眼石中含有石绒等杂质，肉眼可见到它中间蕴含着一缕光，像猫的眼睛似的，所以叫“上一线”；“下一片”是指底色好像铺上了一片纯银。如果猫眼石不含杂质，或者杂质反射不出光来，那只不过是一块毫无价值的石英。

珍珠饰品近两年颇为畅销。挑选珍珠也应注意鉴别。天然珍珠有白色、黄白色、浅粉、浅蓝，以及很少见到的黑色珍珠，其形很难见到很圆的，其色彩自然美丽，有光泽但很柔和。好的珍珠串应颗粒匀称，形状优美，表面平滑，从不同角度对光观察，会放出各种奇异的光彩。

钻石以其璀璨的光芒和坚硬的质地越来越受到人们的喜爱，尤其是在年轻人中。而且，在婚礼中，用钻石表达永恒的爱情已成为一种时尚。那么，如何选购钻石呢?

首先要了解衡量钻石品质和价值的4个标准，即克拉数（Carat）、净度（Clarity）、色泽（Colour）和车工（Cut），这也就是常说的“4C”标准。

①克拉数：钻石的重量以克拉为单位，每克拉分为100分，所以1颗0.50克拉的钻石相当于50分。克拉是4C中最容易被确定的，但是两颗重量相同的钻石，会因为车工、色泽和净度的不同，在价值上差距甚大。通常钻石越大，就越珍贵。

②净度：大部分钻石都含有极微细的内含物，就像人类的指纹或胎记，使得每颗钻石都不相同。这些内含物其实并不会影响钻石本身的美感，也不会降低它的耐久度，但是内含物越少越小，对光线在钻石内穿透的影响越低，钻石闪耀的光芒就越漂亮。

钻石的净度可分级，IF的钻石净度近乎完美无瑕；其次是VVS_1和VVS_2，指钻石含极微小、肉眼看不到的内含物；接着是VS_1和VS_2，指钻石内含有微小、肉眼看不到的内含物；然后是SI_1和SI_2，表示钻石内微含小的内含物；最后是I、I_1、I_2、I_3，表示钻石内含可见内含物。

③色泽：钻石的颜色范围很广，由最罕见的完全无色至黄褐色，当中的色系深浅不同。而越趋近于无色的钻石，光线越容易穿透，并能于冠部散发出彩虹般的缤纷色泽。钻石的色泽分级为：D、E、F、G、H、I，然后是J、K、L、M、N、O、P，排行越前的等级色泽越好。

④车工：许多人常将钻石的车工和形状混淆。其实，钻石的车工就是钻石面的切割。无论哪一种形状，只要是一颗切割精美的钻石，都是切割师巧夺天工的杰作。因为一颗切割得宜的钻石，可以凝聚更多的光线，反射更多的光芒，也赋予钻石更高的身价。一颗上等车工的钻石，无论它镶法如何，看起来都会特别耀眼，所以不必担心自己的判断力好不好。

除了掌握钻石的“4C”标准，在鉴别真假钻石方面，也需要特别注意。首先要掌握真假钻石的特征，假钻石的反射力弱、光暗，也就是闪光力不强，用放大镜看，磨工棱角上是圆形的；真钻石的顶面反射力强，尤其在强烈的灯光下或阳光下，能反射出五颜六色灿烂夺目的光芒，磨工的棱角呈锋利状，不易磨损。

如果要选择钻石戒指，还要注意其大小和款式。戒指指圈大小的标准，称为手寸。现代的手寸是以号来表示的，最小是5号，最大为35号。东方人的手寸范围在8～28号。在按手寸选购戒指时，夏天以戴上戒指后稍紧为宜，冬天则以戴上后可以左右转但又不脱落为宜。在戴戒指时，如果觉得太松，可在戒指的指轮内绕上几圈丝线；如果觉得太紧，可以在手指上涂点儿肥皂液，这样就能顺利地戴上或脱下了。

在款式方面，钻戒的款式通常是多种多样的，同一枚钻戒戴在不同的人手上，其效果就会因手指的粗细、长短而不同。手指的造型，无论纤细还是丰满，选择佩戴合适的戒指，都能对其起到装饰的效果，并适时地表现个人特色与风格。如果手指比较纤细，可以随意选择适合你心意的款式；如果手指相对圆润，可以选择戒面较宽或设计主题明显的戒指，这样能让戒指发挥更好的装饰作用。

PART 2

性爱篇

▶ 走向婚床

了解男人——男性生殖器官及功能

男性的生殖器可分为两个部分：一部分是外生殖器，包括阴茎和阴囊；另一部分是内生殖器，包括生殖腺（睾丸）、生殖管道（附睾、输精管、射精管、尿道）和附属腺体（精囊腺、前列腺、尿道球腺和尿道旁腺等）。

阴茎外形为一圆柱体，由两条阴茎海绵体和一条尿道海绵体组成，其前端膨大为龟头。海绵体内布满血管和神经，这是阴茎在局部接触刺激及感官刺激下可以充血勃起的组织学基础。龟头为阴茎的最敏感部位，尤其是龟头基底转折部和系带等处。调查研究表明，阴茎的长度和周径在不同的男性中是有较大差异的，且常态下阴茎的长度与成年男子身高无比例关系，常态下平均长度为6.55厘米，周径平均为8.22厘米，但临床研究结果表明，常态下长度明显不同的阴茎在勃起时长度并无显著差异，所以就绝大多数人而言，常态下阴茎稍长或略短并不会给性生活和生育带来不良影响。

阴茎的皮肤薄而柔软，富有伸展性。皮肤至阴茎颈端游离向前，形成包绕阴茎头的双层环形皱襞，称为阴茎包皮。幼儿的包皮较长，包着整个阴茎头，包皮口也小。随着年龄的增长，包皮逐渐退缩，包皮口逐渐扩大。如果包皮盖住尿道口，但能上翻露出尿道外口和阴茎头时，称为包皮过长；当包皮完全遮盖阴茎头，包皮口小，包皮不能完全上翻露出阴茎头时，称包茎。这两种情况都容易引起包皮腔内污物的刺激而发生炎症，也可成为诱发阴茎癌的一个因素。因此，应将过多的包皮用手术切除，露出阴茎头。

阴囊为男性生殖器官中另一个存在于体外可直接观察到的部分，阴囊皮肤薄而柔软，富有汗腺、皮脂腺、毛囊，并有少量阴毛，其皮肤为腹壁的延伸。阴囊由阴囊隔分为两个部分，左、右各包容一个睾丸。

生殖管道附睾是紧邻睾丸的一段生殖管道，附着于睾丸后外侧，由迂曲在一起的附睾管组成，全长4厘米～6厘米。输精管是附睾管的延续，全长约40厘米，左右两侧的输精管在膀胱底部相互接近。射精管由输精管和精囊管汇合而成，经过前列腺进入尿道，开口于尿道嵴上。尿道是排尿和排精的管道，起于膀胱的尿道内口，止于龟头的尿道外口，成人尿道长约20厘米。

睾丸分别位于阴囊左右两个部分里，成年男性睾丸各重10克～20克，形状为微扁的椭圆体，表面光滑，在阴囊内有一定的活动度。睾丸是精子产生的场所，也是男性性激素的主要产地，在这里分泌的雄激素通过血液到达全身各组织、器官，促进身体发育和精子的产生及成熟。

附属腺体精囊又称为精囊腺，其功能为分泌精囊液，精囊液中含有果糖，具有给精子提供能量、促进精子活动及润滑排精管道的作用，是精液的重要组成部分。前列腺外形似一个倒放的栗子，横径约4厘米，纵径约3厘米，前后径约2厘米，重约20克，质地坚硬，位于膀胱颈部下方。前列腺产生的前列腺素存在于前列腺液中。前列腺液是一种乳白色浆性流体，呈碱性，有特殊气味，可以为精子提供养分，也具有帮助精子运动的功能，前列腺液是精液的另一组成成分。尿道球腺左右各一，位于尿道上端的两旁，开口于尿道球部，尿道球腺的分泌物也构成精液的一部分。尿道旁腺分散于整个尿道，可分泌一种清亮的黏液，在阴茎勃起时，尿道旁腺受挤压，排出此黏液，起润滑作用。

从生殖角度来讲，阴茎的主要功能是通过勃起和射精两大机能完成性交过程，实现精神与肉体的结合，使人类的生殖繁衍得以实现，同时满足人的性心理需求。阴囊的作用一方面是作为屏障，保护睾丸、附睾等避免受到外界的损伤；另一方面阴囊具有调节温度的功能，阴囊壁薄且无脂肪，但有丰富的汗腺，阴囊松弛时会散发热量降低温度，收缩时则可以升温和保温，由此来调节阴囊内的温度，保持其比腹腔内的温度低1℃～2℃，以确保有适当的产生精子的温度。

生殖管道是储存和运输精子的通道，睾丸产生的精子通常在附睾内停留5天～25天，输精管的后段是储存精子的第二个地方，精子在分泌液压力、管道收缩及自身活动能力的三重作用下被运送至输精管末端，最终在性刺激达到一定程度时，在人体大脑皮层射精中枢和腰骶部射精中枢的作用下，射精管及周围组织强烈收缩，把精液射出体外。

了解女人——女性生殖器官及功能

女性生殖器也分为外生殖器和内生殖器两部分。外生殖器就是人们通常所说的外阴，是女性体表最为隐蔽的区域；外阴由阴阜、阴蒂、大阴唇、小阴唇、阴道前庭、阴道口、尿道口及处女膜等组成。

阴阜是女性直立时外生殖器中唯一可以看到的部分，位于耻骨联合前方，由于皮下脂肪丰富而微微隆起，从青春期起表面覆盖有阴毛，阴毛呈倒三角形分布，在性生活中起减少摩擦的作用。

大阴唇为邻近两股内侧的一对隆起的皮肤皱襞。外侧面与皮肤相同，青春期长出阴毛；内侧面皮肤湿润似黏膜，皮层内有皮脂腺和汗腺，其分泌物可保持局部湿润，大阴唇皮肤下富含脂肪、血管、淋巴和神经组织。受伤后易出血并（或）形成血肿。未婚女性的两侧大阴唇自然合拢，遮盖阴道口及尿道外口，有预防逆行感染的功能。

小阴唇为一对较薄的皮肤皱襞，位于大阴唇内侧，其上端分为两层，包裹阴蒂。小阴唇无毛，皮下有丰富的神经，是女性性刺激敏感区域之一。

阴蒂位于两个小阴唇顶端的联合处，它与男性阴茎海绵体相似，具有勃起性。因富含神经末梢，对触觉极敏感，是女性性刺激最敏感的地方。

阴道前庭指两侧小阴唇间的一个狭长区域，前方有尿道口，后方有阴道口，尿道口较阴道口小，向上通过尿道连接膀胱，是排尿的通路。阴道口向上通往阴道和子宫，月经由此流出，也是自然分娩时胎儿离开母体的路径。

处女膜为阴道口长着的一层薄膜，可能为环状，也可能为筛眼状。多数女性在第一次性交时，会发生处女膜破裂，并伴有少量出血。处女膜破裂后在阴道口有一圈残留的隆起痕迹，经分娩后，处女膜痕进一步破裂为数个小的隆起。

女性的内生殖器，顾名思义，是体表无法观察到的部分，存在于体内，由阴道及其附属腺体（前庭大腺）、子宫、输卵管和生殖腺（卵巢）组成。

阴道是性交器官，也是月经血排出和胎儿娩出的通道。位于骨盆腔下部中央，前邻膀胱、尿道，后贴直肠，上端包围子宫颈，下端开口于阴道前庭，是一个潜在的管腔，前、后壁相贴。前壁长7厘米～9厘米，后壁长

10厘米～12厘米。性成熟后的女性，阴道壁上有许多横纹褶皱，使阴道具有很大的延展性。阴道的外1/3段分布有丰富的神经，性交过程中阴茎的摩擦可以引发强烈的快感。前庭大腺位于大阴唇后部，开口于小阴唇与处女膜之间的沟内。性兴奋时分泌出黄白色黏液，起润滑作用。阴道黏膜的细胞富含糖原，经过正常寄生在阴道内的阴道杆菌分解而成乳酸，使阴道内保持一定的酸度，可以防止致病菌的繁殖，有“自净”作用。

子宫为一壁厚、腔小、以肌肉为主的器官。腔内覆盖的黏膜为子宫内膜，青春期后产生月经，性交后，子宫为精子到达输卵管的通道。孕期为胎儿发育、生长的部位，分娩时子宫收缩将胎儿及胎盘娩出。子宫位于骨盆腔的中央，外形像一个倒置的梨。正常女性性成熟后的子宫上下径约7厘米，左右径4厘米～5厘米，前后径2厘米～3厘米。子宫壁较厚，在内膜层和浆膜层之间为厚厚的肌层。子宫上部较宽的部分为子宫体，下端较小的柱状部分为子宫颈，子宫颈延伸到阴道中，子宫颈与阴道连接部位的阴道壁有一反折，称为阴道穹隆。子宫重量约50克，借助于盆腔底部肌肉、筋膜及四对子宫韧带支托并固着于盆腔内。在子宫底部的左右两旁各有一个输卵管口，通过输卵管与卵巢发生间接联系。

输卵管为一对喇叭形细长而弯曲的管道，内侧与子宫角相连，外侧为游离喇叭形伞端，与卵巢相近，从卵巢接收排出的卵子并等待与精子相遇（受精——新生命的开始）。输卵管全长8厘米～14厘米，管内面长着带有纤毛的黏膜，纤毛的运动及输卵管的收缩活动，可以把卵子（或受精卵）向子宫运送。

卵巢是女性性腺，位于子宫两侧输卵管伞端的下方，呈扁椭圆形，成年女性的卵巢长约3厘米，宽约1.5厘米，厚约1厘米，重量在5克左右，表面呈灰白色。幼年期卵巢表面光滑，青春期开始，由于排卵使卵巢表面变得凹凸不平。卵巢的主要功能有两个，一为产生卵子，一为分泌性激素，以维持女性特征和生理功能。

卵巢分为两部分，外周部分是卵子产生的基地，称为卵巢皮质。女孩在胚胎3～6周时，卵巢的雏形开始出现，出生前卵巢中已有数百万个卵母细胞，出生后其数目越来越少，成年后只剩十万多个卵母细胞。卵母细胞包裹在原始卵泡中，多数情况下，每月只有一个原始卵泡成熟。在这个过程中，卵泡细胞分裂繁殖并分泌液体，使卵泡越来越大，而卵母细胞也在其中发育为成熟的卵子，随着卵泡的破裂，成熟的卵子与液体一同被排出卵巢。卵巢的中央部分称为卵巢髓质，由疏松结缔组织构成，其中有许多血管、淋巴管和神经。

左右卵巢通常是轮流排卵，少数情况下能同时排出两个或两个以上卵子，如果分别与一个精子相遇，就出现了异卵双胞胎甚至是多胞胎。

卵巢分泌的激素主要有两种，即雌激素和孕激素，此外也分泌少量的雄激素。

哪里是性的敏感区

身体的某些部位具有特殊的敏感性，适当地刺激这些部位可以引起性兴奋，故称为“性感区”。性感区在男女身上有所不同。

男性的性反应主要集中于生殖器刺激，乳头刺激也会使大多数男性感到愉快。男性生殖器的敏感部位因解剖位置不同而存在很大差异，按递减顺序如下：

①阴茎腹侧的系带区。

②冠状沟。

③尿道口。

④阴茎体。

⑤阴囊附着部与肛门之间的会阴区。

⑥阴囊和睾丸（轻触）。

⑦肛门周围的皮肤。

女性身体有许多性敏感部位。事实上，如果女性愿意而且不为外界事件所干扰，她身体的任何一个部位都可以因爱抚而感到愉快和兴奋。对于两性身体接触，女性趋向于全身敏感。大多数女性的乳房和乳头敏感性很高，但也有一些完全正常的女性感觉不到乳房触摸有特殊刺激。女性乳房的形状和大小与其性敏感性无关。

女性最敏感的性区域在阴蒂及其周围、大小阴唇内侧和阴道的周缘，但阴道内部对触摸并不敏感。阴蒂非常敏感，直接接触有时会感觉不舒服，许多女性更喜欢阴蒂周围的抚摸或生殖器接触。

有些女性的性敏感部位位于阴道前壁下1/2的内侧，此部位被称为“G”点。部分女性可通过G点刺激获得高潮，甚至可以出现“射精”现象（尿道有液体节律性流出）。

怎样判断自己的性功能

性功能是人类的本能之一，在日常生活中的意义是不容忽视的，健康、完善的性功能不仅是身体健康的标志，而且影响着人的精神状态、生活质量、生育后代以及人格魅力等方面，同时也是性文化中不可缺少的一部分。

怎样判断自己的性功能？如何对待自己的性功能？如果缺乏必要的知识积累，难免会走入误区。有的人一旦发现自己的性能力出现一些变化就忧心忡忡，陷入焦虑和困惑，怀疑自己是不是性功能减退了，终日疑神疑鬼，乱吃补药，或者偷偷地去找江湖庸医，结果不但问题没有解决，还引发了别的麻烦。事实上，相当一部分怀疑自己性功能有问题而前去就医的“患者”，在经过相关的医学检查后，并没有发现什么疾病，所谓的性功能减退是过度紧张造成的。

还有一些人与上述这些人不同，他们发现自己的性功能有问题，也“死要面子活受罪”，迟迟不肯看医生，长期生活在巨大的精神压力下，当情况发展到非常严重的地步，不得不就医时，病情往往已经很严重，治疗起来自然相当困难。

怎样正确评价自己的性功能，以下几点供参考。

（1）关注性器官的勃起状态

对于男性来讲，年轻且身体健康、精力旺盛者，无论何时，一旦有性方面的刺激，对性产生兴趣，阴茎就能迅速勃起，年纪稍长一些的中年人在勃起之前可能会需要一段时间，这些都是正常的。但如果你发现自己的性器官有时候勃起，有时候不能勃起，或者虽能勃起，但坚持不了多长时间，未到射精时就疲软下来，这种情况常常提示你的性功能可能有所降低，但问题不大，可以通过适当的食补、正确的药补及科学的锻炼进行纠正。比较严重的情况是，在比较长的一段时间里，阴茎从来没有勃起过，这就需要看医生了，应该到医生那里接受检查后，再采取相应的措施。

（2）判断自己性欲产生的方式

性欲比较旺盛的人，一般都会在性生活中处于主动地位。在有些两性关系中，如果男女双方的性欲强度差不多，常常是男女互为主动，当然也不排除女方主动的情况。如果女方主动，男方能够积极响应，就大可不必为自己的性功能担心。如果你在性生活中表现得很消极，必须依赖对方的主动，或者即使对方主动诱导，也很难激起你对性的兴趣来，往往说明你的性能力出现了问题。

性能力出现问题，不要消极回避，积极的应对措施是寻求专业医生的帮助。除了男科医生外，咨询心理医生也是十分必要的。如果措施得当，问题并不难解决。只是一定要科学就医，而不是消极回避或“有病乱投医”。

（3）对性的关心程度是性功能的一种表现

性功能包括性生理和性心理两方面的内容。一般情况下，性生理和性心理正常的男性，无论年龄多大，一旦看见性感、年轻、漂亮的女子，都会情有所动，看见妻子裸露的肌肤、“肤色如凝脂”，就会有想抚摸的冲动，这是正常的性反应，不能一概归结为“下流”。如果遇到和自己关系很亲近、很钟情的女性，只能产生一般的交谈所带来的快乐，而不产生任何性的想象，说明你的性感受开始变得迟钝了，需要想办法去提高自己的性兴奋程度，像治疗身体的其他疾病那样，寻找病因，进行对症治疗。

哪些因素影响性行为

性欲也是因人而异的，个体之间存在着很大的差异。每个人的性欲强弱程度是不一样的。临床医学认为，下列10种因素影响人的性欲强度。

①遗传因素。性欲的强弱程度受遗传因素的影响，一个家族的成员，往往表现出类似的性欲倾向。

②激素水平。人体中有多种激素，但雄激素对性欲的影响最大。雄激

素水平高，性欲就强；雄激素水平低，性欲就弱。男女皆然。

③感觉刺激。外界的多种刺激都可以作用于人体，人体会产生各种各样的感觉，如视觉、味觉、听觉、嗅觉、触觉等，这些感觉都可以唤起神经的兴奋，从而激起性欲，而且男性和女性没有明显差异。

④性经验和其他生活经验。既往性体验顺利、生活经验丰富而愉快的人，比较易唤起性欲；反之，性欲的产生就比较困难。

⑤调整时间。性生活也是一种消耗，有些人在性生活高潮后会比较疲惫，不能马上再一次唤起性欲，需要一段时间的调整，而调整时间的长短也是因人而异的。

⑥环境因素。人体反应多是对外界环境的反应，所以生活环境中的气氛、温度、湿度、季节、饮食等因素都会影响性欲的产生。

⑦文化因素。尽管性欲的产生是一种个人行为，但性欲在某种程度上也必须接受伦理、法律、道德的约束，甚至接受医学的制约。

⑧情绪变化。情绪是心理状态的一种表现形式，它同样影响着性欲的产生，如当人们被忧虑、恐惧、愤怒、挫折、疼痛、不舒服所困扰的时候，一般不太容易产生性欲。

⑨年龄因素。人的性欲会随着年龄的变化而变化。就一般规律而言，男性的性欲高峰在18～25岁，而女性则在35～40岁时性欲最为高涨。但随着年龄的增长，体内雄激素的减少，肌肤的反应会变得迟钝，导致性器官血液循环不良，再加上来自工作、生活及社会交往等方面的压力等因素，都会使人的性欲减退。

⑩健康因素。健康的生理状态是维持性欲的基础。人体的各种疾病，如内分泌、生殖器官、代谢系统、肿瘤及其他消耗性疾病，都会影响性欲的产生。

总之，性欲是人的生理本能之一，它受多种因素的影响。

男女性功能和性心理是一样的吗

男女的性功能是在发育正常的生殖器官、健全的神经系统和内分泌系统的调节下完成的。

男性的性功能包括性欲的产生、阴茎勃起、性交、性欲高潮及射精、性欲消退及阴茎软缩等；女性的性功能包括性欲产生、前庭大腺（位于阴道外口两侧的腺体）分泌物增加、性交、性高潮、性欲消退等。

由于男女有解剖学和生理学上的差异，男女性功能也有明显差异。一般来说，男子的性欲容易被激发，性冲动来得快，并迅速发展，几分钟内即可进入性高潮，引起射精，射精后性欲迅速消退；女子性欲和性冲动比较缓慢，不易被唤起，达到性高潮所需的时间较长，性欲高潮过后，也不像男子那样迅速消退，而是逐渐减缓、消失，完成整个性活动过程。

男女生理上的差异构成了男女心理差异的基础，而传统观念、文化习俗和家庭及环境等因素无疑又强化了这种心理差异。

与女性相比，男性在两性关系的表达中通常居支配和引导的地位，他们更外向，更主动进取；而女性则比较被动，更偏向直觉和内向。就像男性性感区分布以生殖器为主，而女性性感区则呈全身性分布一样，男性通常喜欢直奔“主题”，而女性期望从性生活中获得的不仅仅是快感，更主要的是“爱”，甜蜜的情话、拥抱和爱抚都是她们特别渴望的。在视、听、触、嗅四类感官刺激所带来的性欲激发中，男性易受视觉刺激而引起性欲望，所以男性比较注重女性的外表美；而女性对听觉和触觉具有更丰富的感受性。

现代性科学研究表明，性生活中的情话有助于女性得到满足，从而使夫妇双方在精神上得到更多的享受。女性喜欢拥抱、亲吻和爱抚与她们的性兴奋的唤起过程较长有关，也和她们同时追求精神和心理满足密不可分。事实上，女性对性生活的真正满足是一个极其复杂的精神和肉体的共同作用。根据性学家的调查，有些女性在性生活中未达到高潮但得到了满足，有时达到了高潮却没有满足。

在一定的社会文化背景下，男女在性活动中的心理状态不同，如男性希望表现力量，并以自己的满足和对方的满足作为对自身的评价；女性则是在性满足中肯定自身的吸引力，同时评价对方。性生活实际上并不仅仅是性的满足，同时也是个人价值的体现，所以也和其他方面一样，反映出男女社会心理的差异。

心理因素在性生活的和谐中具有重要的影响。只有了解男女两性的性心理差异，并据此做出努力，通过言语、表情和动作了解彼此的反应方式、弱点、优点、特殊愿望、嗜好和习惯，方可建立双方的性和谐。

▶ 初涉爱河

温馨的性前唤起

新婚初夜，对于相亲相爱的新郎和新娘来说，是一个神秘而幸福的时刻。性爱的帷幕即将开启，羞涩、紧张、不安伴随着欢乐，这将是终生难忘的一夜。也许，它会对你们的一生产生影响。让初夜在你们未来的记忆中留下美好的印象一定是你们共同的期望，那么，达到这个期望的关键的第一步是营造温馨的性爱气氛。

性爱是一种艺术，需要进入一种美好的意境中。这种意境的营造对缺乏经验和心理紧张的新婚夫妻而言，更加重要。它可以使人在温馨甜美的气氛中，不知不觉地进入角色，自然而然地领略性爱的风景。

温馨气氛的营造可以从几个方面入手，主要是利用视、听、味、嗅几种可以导致性唤起的感官刺激，来创造和布置性爱的气氛与环境。

我们看到的所有东西几乎都可以成为性的刺激物，虽然它们和性之间的关系只是间接的，但这些间接、次等的视觉刺激很重要，它们构成了浪漫的基调，或称之为爱的环境。将新房内的灯关掉，点上殷红的蜡烛，一根、两根，或者整整一圈，任烛光摇曳，脸儿绯红；或者只留一盏壁灯，让柔和、暗淡的光笼罩新房，形成朦胧、梦幻般的环境，即使婚房不够豪华，插上一束鲜艳或雅致的花束，挂上一幅秀美的风景画，也足以营造出浪漫的气氛。新娘透明的睡衣、飘散的秀发，新郎强壮的身体、深情的微笑，是这浪漫基调中更生动的形象刺激。对大多数妻子来说，浪漫的环境对于她们的性欲反应有着至关重要的影响，对于充满爱情的丈夫来说，也同样如此。

听觉和人的心理感受更是密切相关，某些声音也能成为性刺激的间接刺激物，尤其是音乐，在柔和的、委婉的、流畅的、有节奏的、激动人心的乐曲声中，人们往往会产生性的激动和性的联想。与音乐相关的记忆，特别是由两人曾经共享过的那些音乐所激发的情绪，会构成“背景音乐”。在卧室里放一曲令两人有美好记忆的乐曲，静静地聆听、默默地对视，或在乐曲声中翩翩起舞，将使深深的情爱在这温馨的气氛中渐渐化为炽热的性爱。音乐之外，充满爱意的喃喃情话，轻声的呼唤，都可以唤起彼此爱的激情。

口与舌在性爱中有着特殊的重要的作用，因此味觉会影响性爱的情绪。口腔的异味、怪味最容易破坏情绪，对敏感的女性来说，尤其容易受影响。所以，注意口腔的卫生，忌食有刺激味道的食物，保持口气清新，可使温馨浪漫的气氛免遭破坏。

相对于味觉而言，嗅觉或许更为重要。男女身上特殊的气味对双方都是一种吸引或刺激。新娘在身上某些部位，譬如头发、颈部、耳后、腋部等喷洒香水，淡淡的幽香会巧妙地刺激男性的欲望。在新房中适当地喷洒气味淡雅的清新剂，也可造成浪漫的嗅觉效应。与此相反，浓重的汗味、烟味和酒味会严重破坏人的嗅觉美感。性生活前的沐浴更衣、清洁肌肤应是不可缺少的环节，它对于温馨气氛的营造绝不是可有可无的。

此外，新房的温度、湿度也很重要，过冷或过热都会分散人的注意力，过于潮湿会使人的兴奋点受到限制，过于干燥又会令人感到郁闷不安。所以，有条件的话，应对新房温度进行调节，如果不行，起码应保持居室空气的清新。空气是否清新，会对人的情绪产生很大的影响。

温馨气氛的营造，不仅在新婚之夜至关重要，在婚后的性生活中，也同样重要。它能制造浪漫的施爱环境，引发美妙的感官刺激，从而唤起性的兴奋和激情，使婚后的性爱一如婚前的恋爱那样浪漫、多姿、多彩，给人无限的遐想和回味。

爱抚，至关重要

新婚之夜，当性爱的帷幕拉开之后，在进入真正交合之前，有一个阶段绝对不可忽视，那就是爱抚。

爱抚是男女双方启动性欲的手段，对女性而言，爱抚尤其重要。她需要靠爱抚来完成性欲的激发，需要靠爱抚来排除各种顾虑和担忧，需要通过爱抚来体会丈夫的温情、细心和体贴，需要从爱抚中感受丈夫对自己的爱和欣赏。而对新婚初夜尚无性经验的新娘来讲，爱抚更具有特殊的重要意义。爱抚可以消除她内心的紧张甚至恐惧，爱抚可以缓慢地开发她处女的性潜力，使她全身放松，被性爱的刺激所包围，渐渐唤起性的欲望。长久而温情的爱抚会使她的阴道开始分泌润滑液，阴道口微微张开，以迎接交合的真正到来。性欲的全面唤起有助于减轻处女膜破裂和阴道扩张的痛楚，使这种痛楚在充分的性快感中变得微不足道。从这个意义而言，爱抚确实至关重要。没有爱抚过程的直接插入，是对新娘的极大伤害，要避免采取这种方式。

爱抚阶段，严格地说，是从最初产生性冲动到性交合的开端，也就是阴茎插入阴道之前。这个阶段的爱抚作为一种艺术，可以引起极大的快感，其程度绝不亚于交合本身的快感。爱抚不应是机械的，而应充满艺术感和热情的兴趣，具有极丰富的内容。

吻，通常是爱抚的开始。此时亲吻不是一般礼节性的接吻，而要直接转化为亲昵的动作。夫妻二人相互用舌头探索着、爱抚着，双方都会感受到一种极为鲜明的性快感。爱抚中的亲吻不仅包括嘴对嘴的性感接吻，还要热烈而持久地亲吻身体的各个部分，双方可以从额头吻到面颊和颈部，从指尖到手掌和臂膀，从脚面吻到小腿、大腿，逐渐接近生殖器，交替使用轻的、重的或一掠而过的亲吻，并配之以用力的吮吸和牙齿的挤压。这种对身体的亲吻，双方既充当亲吻者，又充当被亲吻者，其刺激效果十分强烈，心里感觉也非常幸福。

刺激性敏感区可以说是爱抚的主要手段。女性的性感区分布较为广泛，最敏感的点是阴蒂。男性可以用手轻轻抚摸女性的大腿内侧和阴道周围区域，对阴蒂的爱抚最初应一触而过。因为阴蒂尽管是最敏感点，但在不同的人身上表现出的性激发效果却大不一样，有的女性需要在其他部位交替刺激的综合作用下，方可逐渐受到激发。而对从未接受过性刺激的新娘来说，过早地接受阴蒂刺激可能会使她感觉不愉快，如果阴道口尚未润滑，那么这种刺激会更加令人不快。所以，对阴蒂的刺激应谨慎和掌握火候。

女性乳房是仅次于阴蒂的性感区。用手掌轻轻地揉捏和按摩乳腺，用嘴亲吻乳头，足以唤起大多数女性的性冲动，而拥抱和胸部的紧紧相贴与摩擦更能表达夫妻情爱的亲密和热烈，形成美好的心理感受。

此外，女性的耳垂、耳根等也是较明显的性感区，亲吻和强烈的吮吸会取得较好的效果。

男性的性感区比较集中，其中阴茎是最敏感的部位。女性的轻轻触摸一般就可以导致男性的性兴奋。另外，睾丸、阴囊部位也可以进行适当的爱抚。男性乳头的敏感性因人而异，有一部分男性，一旦乳头受到刺激，就会立即产生强烈的性欲；而另一部分男性的乳头敏感性则需要被开发。因此，对男性乳头的刺激无法一概而论，需视个人的感受和喜爱程度而定。

在爱抚的丰富内容中，用眼睛流露爱意，进行交流；用绵绵的情话和亲昵的呼唤，来表达深长的情爱，也是不可缺少并具有重要作用的。

在爱抚阶段接近尾声，即将开始交合之前，进行生殖器之间的爱抚是一种奇妙的刺激，并可为正式的交合做充足的准备。这种爱抚是由男方或女方握住阴茎，在外部反复地刺激阴蒂，这种触摸形式，对于妻子是非常愉快的。这种刺激如辅以亲吻和情话，使双方性欲逐渐膨胀，感情不断升级，阴茎进入阴道几乎是水到渠成、顺理成章。爱抚阶段到此便结束了，性爱将进入高潮阶段。

爱抚在性高潮之后，同样不可忽视，此时的爱抚主要是静静的拥抱、深情的亲吻和欣慰体贴的话语，以表达对对方的爱和感谢对方为爱的付出，满足彼此的心理需要，使双方深深地体会到灵肉交融的完美的幸福。

过好新婚之夜的性生活要注意什么

初次性体验之前，男女双方都觉得对方的身体很神秘，所以，在婚前双方都要学习一些基本的性知识，了解男女性器官的结构和生理特点，千万不要误把尿道当阴道。

夫妻双方都要克制自己“急于求成”的欲望，不能粗暴、鲁莽。在性器官接触之前，要营造出一定的氛围，应温柔、体贴，极力爱抚对方，以解除紧张和疑虑，以唤起性冲动。在夫妻双方的感情和性冲动都达到一定的程度，女性的外阴湿润后再性交。

性交时新郎不要冲动，要控制动作，要缓慢、柔和，如果第一次没有成功，可以多试几次。

新娘不要过分羞涩、紧张、恐惧，心态尽量平和，愉快地与新郎合作，这样阴道的肌肉才会松弛，便于性交的顺利进行。如果处女膜破裂导致疼痛，新娘可将两腿向上屈曲分开，同时向下屏气，这样可以减轻疼痛。有的女性阴道前段比较狭窄或干涩，可以涂些润滑剂，帮助阴茎顺利进入，或者男方先用手指将阴道慢慢撑开后再性交。如果夫妻二人因操办婚礼而十分劳累，这时就不一定非要进行初夜性生活，可以把性生活推迟到第二天。医学专家曾对新婚夫妻提出建议，对新婚之夜的性生活不要寄予过高的期望，有时现实并不像想象中的那么美妙，需要不断学习和积累经验。

尽管大多数新婚夫妻在婚前也或多或少地获得过一些性知识，但要实实在在地实践，难免会出现过于紧张的精神状态。在这种紧张焦虑的心理支配下，女性可能出现性交痛，男性可能出现阳痿、早泄，或者初夜新娘没有“见红”而导致新郎心存疑虑，这些都会导致新婚第一夜性生活的失败。假如再遇到一些严重的意外情况，如男性包皮嵌顿、新娘突然昏厥、阴道撕裂伤等，更是无法尽兴。即使新婚第一夜的性交是成功的，但大多也难以达到预期的理想佳境。因为，夫妻双方的性协调需要一定的技巧，它的完善和成熟，需要双方在性生活中逐步探索。

因此，新婚夫妻对新婚之夜的性生活要有比较现实的看法，对可能出现的种种意外要有足够的心理准备。

初夜尝试怎样才能成功

即使经过了长长的爱抚阶段，新婚之夜的初次性交通常也是困难和不那么尽如人意的，所以，男女双方除了有必要的思想准备之外，还需互相体贴并掌握必要的技巧，以顺利而较为圆满地度过一生中具有特殊意义的一夜。

对于纯洁的新娘而言，不管她的爱有多深，对性知识的了解有多全面，面对她将要结束的处女生活，她都会或多或少有精神上的恐惧和不安。所以，新郎给予新娘的爱抚、安慰是必需的。在此之后，当真正的性交开始时，新郎会遇到新娘的肉体抵抗——她的处女膜和从未扩张过的紧缩的阴道，会使初次的阴茎插入十分困难。为了减轻新娘的痛苦和顺利地破膜，采取传统的男上女下的姿势较为合适。女方平躺，两腿向上屈曲分开，男方应使阴茎从上面、正面推进，用一种不强硬然而迅速、坚决的挤压来达到破膜。此时，在阴茎的压力之下，处女膜会紧张地抽动，接着通常是向左右两边撕裂，女方会感到某种程度的痛楚。此时，女方如果不是畏缩或向后退却，而是给予一种快速、轻微的反向挤压，也可用手托住臀部，同时屏气向下用力，那么，处女膜会立即破裂，阴茎得以顺利地进入阴道。

一旦顺利地穿破了处女膜，一般来说，新郎只要稍许地抽动就会导致射精。此时，需注意，由于处女膜破裂的伤口，抽动的摩擦很可能难以给予新娘充分的快感，而是带来不适，因此应尽量避免连续的抽动。

在阴茎插入阴道前，如果新娘没有获得充分的唤起，阴道分泌物不足，会增加破膜时的痛苦。此时，应使用人造润滑剂，涂擦在阴道口，补充自然润滑的不足。

性交完成之后，处女膜破裂可能引起少量的出血，一般会很快停止。如果持续时间过长，血流量较多，新娘应继续仰卧并紧闭双腿，避免伤口接触，这种出血一般会自动停止。大量出血不止，发生阴道损伤，需送医院救治的情况是很少的。

如果当夜性交穿破处女膜的尝试没有成功，那么，应把破膜的意图延迟到第二夜、第三夜。这样，可以缓解新娘的恐惧感和过分剧烈的疼痛。如果几天的努力都没有成功，那么，就应去请教医生，是否新娘患有处女膜先天闭锁或别的什么问题。

在初夜成功地破膜之后，应间隔两三天再行性交，使处女膜破裂的伤口得以良好的康复。

初夜一定会见红吗

是否所有女性的初夜都会见红呢？不见红的女性是否不贞洁呢？

初夜见红是由于处女膜的破裂。处女膜是阴道外口的一圈膜样组织，中间有孔，为月经排出的通道。处女膜孔有半月形、筛形等，大小和膜的厚薄因人而异。一般处女膜在初次性交时，其孔被撕裂变大，伴有轻微的疼痛和少量的出血。处女膜破裂带来的这一现象使得处女膜在社会和道德观念中，扮演着比其他性器官更为重要的角色，成为鉴别女性是否是处女的唯一标准。

事实上，用处女膜判定女性的贞操是不可靠的。原因有二：其一，剧烈运动、骑自行车、骑马、劳动甚至震动都可使处女膜破裂，现代社会女性参与的运动是多方面的，所以遭遇运动所带来的处女膜破裂的可能性很大，过去大门不出、二门不迈的女子碰到这种状况的当然要少得多，那些处女膜较薄的女性更容易发生非性交性的处女膜破裂；其二，有的女性处女膜较厚、较韧，或较松弛，即使性交也不致破裂，当然也就不会出血了。所以，根据初夜是否见红来“鉴定”一位新娘是否是处女是不确切的。在现代社会，如果依旧把处女膜当作处女的象征、贞操的标记，对新婚之夜妻子的不见红疑神疑鬼、耿耿于怀，可以说是一种庸人自扰且不公平的行为。

爱情靠忠诚和信赖，不靠处女膜的破裂与否。贞操不仅表现在肉体，而应首先表现在灵魂上，自尊自爱本身就是高尚灵魂的组成部分，又是对纯洁肉体的保护力量。对处女膜存有偏见是危险的，不正确的认识可能为爱情、婚姻、家庭投下阴影，带来危机。所以，如果你相信妻子的爱和感情，就不必在意初夜是否见红。

新婚性生活时处女膜破裂出血怎么办

初次性生活时，处女膜破裂会导致轻微疼痛和少量出血，这就是“见红”。“见红”一般不需要做特殊处理，但如果处女膜破裂后出血较多，并且处女膜有较大的裂口，小阴唇壁出现撕裂伤，导致大出血，那么，就应该采取一些措施了。

对于一般的出血较多者，可用清洁纱布或手帕立即堵塞住阴道下段及阴道口，并用手指按压填塞物压迫止血；或在伤口上撒一些云南白药（三七粉也可），然后用消毒纱布堵塞。新娘可夹紧双侧大腿，侧卧休息，一般几小时后出血就可以被止住，但 3 天内不能再有性生活，以防伤口重新破裂。如果出血量很多，或用上述止血法无效时，应立即去医院妇产科进行治疗。在到达医院之前，应该自行压迫止血，迅速将新娘送往医院，不可让新娘步行，以免出血过多，新娘伤口愈合前不能再性交。

那么，怎样才能预防初次性交大出血呢？关键是新郎要有耐心，动作要轻柔。阴茎应该缓缓地插入，慢慢地扩张过紧的阴道，抽插不能过快过深。如果一次没成功，可以分次进行，并要在性交前对新娘进行充分的爱抚。同时，新娘也要学习一些性知识，消除紧张心理，如果阴部处于充分放松的状态，一般是不会发生阴道撕裂伤的。

新婚夫妇初次性交不成功的原因有哪些

新婚夫妇初次性交不成功的原因，大体有以下几点。

（1）准备工作不充分

由于男女之间存在性反应的差异，女性的性反应速度比男性要迟钝一些，加上有些女性性格又较为含蓄、害羞，如果是第一次与男性外生殖器接触，新郎又急于求成，甚至粗暴地宣泄自己的性欲的话，常常会导致性生活的失败。如果在性交前做足准备工作，营造的氛围温馨、适宜，如拥抱、抚摸、亲吻等调情动作，唤起了新娘的性欲冲动，此时再进行性交就会使双方心理和生理上得到满足。

（2）不了解生殖器官的功能和结构

女性阴道平时处于紧闭的状态，只有在性兴奋时才会轻微扩张，并分泌出润滑物，以便男性的阴茎顺利进入，这是一种本能的调节机制。但如果女性的性欲望还没有被唤起，阴道口仍然紧闭着，阴道内没有润滑物，这时如果强行插入，不仅男方会感觉阴道滞涩，女方也会因疼痛而加剧紧张情绪，甚至导致阴道痉挛，使性交失败，还可能导致女子会阴和阴道撕裂或大出血。

（3）体能不佳

在婚前新婚夫妇往往要做大量烦琐而劳累的准备工作，举行婚礼的当天又要紧张忙碌地迎宾送客，“表演”各种“节目”，到了晚上还有些朋友要闹洞房，因此，洞房中的新娘新郎早已是疲惫不堪了，体能消耗过大，精神状态处于低潮或心神不安，如再加上性知识不足，新婚之夜的性生活是很难达到和谐美满的。

（4）发育异常

有些女性朋友显露在外面的生殖器官是正常的，但却存在处女膜闭锁或阴道横膈等异常情况。生殖器发生的这些异常，会导致阴茎不能插入阴道，所以患有此种疾病的女性朋友应当去医院进行检查、治疗。

初次性交意外情况的处理

初次性交一般伴随着处女膜的破裂，会有少量出血和轻微的疼痛，这是正常情况。但有时也会出现一些意外情况，如性交之后女方阴道突然大量出血，或者胸闷、浑身奇痒、呼吸困难。这究竟是什么原因？又该如何处理呢？

性交之后阴道大量出血，是因为初次性交动作过于粗暴、生硬，或精神过度紧张，体位不当，使女方组织致密而狭小的外阴或阴道入口与阴道穹隆处发生损伤，严重者会造成撕裂。阴道破裂的部位以阴道穹隆部多见，特别是后穹隆，大多发生于右侧，伤口多呈新月形，破裂的边缘多整齐锐利。这些部位的血管较丰富，虽然没有大血管，但由于组织没有压迫作用，出血往往较多，不易自行中止。大多数情况下血液由阴道流出，也有一部分人血液自后穹隆沿腹膜上升，引起腹膜刺激症状和腹腔内出血，这时往往伴有腹膜破裂，情况较为危急。所以，初次性交之后，若发生阴道大出血或剧烈腹痛、头晕无力，应马上去医院就医，若延误过久，容易导致休克。

新婚之夜性交后女方突然浑身奇痒，呼吸困难，或者阴道、会阴部水肿、瘙痒，咳嗽不止，心悸，甚至恶心、呕吐，全身不适，这是患了精液过敏症的缘故。男性精液内含有来自精子和精浆成分的几十种特异抗原，它们是体内其他组织所没有的。有些男性精液中抗原物质的抗原性特别强，如果女性恰好为过敏性体质者，同房之后则会发生一系列过敏反应。过敏症状往往因人而异，程度也轻重不一。过敏症状通常会在第二天或几天后自行消失，但在下一次性交后又会发生，所以，可采取预防措施来加以避免。由男方戴避孕套，使精液无法与阴道上皮相接触，从而防止过敏。事前也可服用抗过敏药如阿司咪唑、氯苯那敏、苯海拉明等，上述药物可任选一种，每次一片。另外，一旦发生过敏，应立即用清水清洗阴道及会阴部，水中可放入少量精盐，症状较严重的可请医生诊治。

初次性交容易发生的意外情况还有男女一方患有高血压、心脏病、癫痫等症时，由于精神过度紧张和兴奋，可能引起血压急剧升高、心脏病或癫痫发作，此时，应立即停止性交，让病人平躺逐渐恢复，严重的要送医院急救。

▶ 性爱艺术

渐入佳境——性生活的四个阶段

性反应在男女两性身上非常相似，从性欲开始被唤起到重新平复，一般需经过四个阶段：兴奋期、平台期、高潮期和消退期。在每个阶段，身体都有固定的生理变化。因此，遵循性反应的规律，循序渐进，才能渐入佳境，获得性爱的最高享受。

第一阶段——兴奋期：由肉体和精神的刺激唤起性兴奋，男女肌肉紧张，生殖器充血，心率及呼吸频率增加，血压升高，注意力越来越集中于与性生活有关的事。男性主要表现为盆腔充血、阴茎勃起，女性则是阴道渗出大量液体，阴道上部松弛，阴蒂也由于充血开始肿胀，使阴蒂头从包下凸出，有的清晰可见，乳头也开始变硬而凸起。子宫颈和子宫体向上提升，阴道内2/3部分发生扩张，使阴道腔伸长1/4，以便有足够的空间来容纳阴茎。

达到性兴奋的时间，男女差异较大，一般男性能较快地进入平台期，而女性则需要较长的性唤起时间，有时可能长达几小时。这便需要男方的耐心等待和温柔刺激，以帮助妻子较快地进入兴奋期。

第二阶段——平台期：兴奋期的生理反应持续和进一步加剧。呼吸加深、加快，生殖器充血更加显著，男性阴茎变得非常坚硬，女性阴道内2/3段随子宫提升进一步扩张，阴道外1/3段发生显著的充血而缩窄，以“紧握”阴茎，乳房也增大1/4。

平台期可持续30秒到几分钟。男女双方在这个时段对生殖器区域的接触产生高度的敏感性。如此时不想很快达到性高潮，或希望双方同时进入高潮期，应控制运动的速度和强度，并用语言和动作做性感觉的交流和暗示。

第三阶段——高潮期：性高潮是性反应过程中最短暂的一个阶段，只持续几秒钟，女性可稍长些。性高潮的来临，在男性，以输尿管和尿道肌肉发生收缩而射精为标志；女性则是阴道和子宫的节律性收缩。性高潮的强度由肌肉的痉挛次数来决定，强烈的达8～10次，轻度的达3～5次。女性性高潮肌肉痉挛的次数较多，时间也较长。平台期的肌肉高度紧张感在性高潮的几秒钟内，会通过这种肌肉痉挛而得到释放并感觉到波浪式的快感。

男性在高潮到来前的瞬间会有一种预感，高潮产生时，人会感到身体和精神的紧张突然出现松弛，随之对周围环境有一时的意识模糊，但能清楚地感觉到有大量液体在压力下由阴茎射出。女性性高潮的发生是以身体紧张的突然停止为标志的，接着便是高潮的快感，这种快感由阴蒂开始，向整个阴部放射，同时也有片刻的眩晕，一股温暖的浪潮从阴部流向全身，充满整个身体。性高潮的主观感觉在男女两性没有太大的差异。

如果在平台期后没有达到高潮期，那阴部的敏感性和身体紧张要过很久才能平复。这往往是一件令人不快的事，常会导致失眠或烦躁不安，绝大多数是女性遭遇这种情况。所以，如果夫妻不能同时达到性高潮，最好让妻子先达到，或许她还有能力在丈夫达到性高潮时再次体验性高潮。因为性高潮在男性基本是终止性高潮，而女性可以在一次高潮后很快获得第二次、第三次甚至更多次的高潮。

第四阶段——消退期：性高潮过后，在平台期和兴奋期发生的一系列变化的身体，在此期恢复到性唤起以前的状态。男性的性兴奋消退一般快于女性，阴茎的勃起消失比阴蒂和阴道充血消失快得多。两性的肌肉紧张均可在5分钟内消退。消退期内两性最大的生理反应差异是男子会在性高潮之后有一个“不应期”，在“不应期”内阴茎难以再度勃起。“不应期”的时间短则几分钟，长则几天。

由于女性性兴奋的消退要慢于男性，如果她没有达到性高潮，消退的时间可能会更长，所以，在此时，丈夫最不应忽略表达温存和爱意，夫妻继续拥抱一段时间，互相给予亲吻和爱抚，可以获得最大的心理满足。如果性交没有获得完全的成功，此时的情感交流能使双方恢复信心，并对部分失败有所补偿。

选择适合自己的性爱姿势

性爱姿势是性爱的一种自然要求与表达，古今中外皆不例外。了解和掌握性爱姿势，不仅仅是性快感的需要，更是情感交流、美感追求和防止某些损伤的需要，所以说它是性爱艺术的一个方面也不过分。

性爱中姿势的作用不外乎以下几个方面：

①增加性刺激和性快感。

②配合配偶、时间、地点情况的变换。

③防止发生生理方面的危险和损伤。

④控制、促进或防止受孕。

通常人们采用的性爱姿势包括：男俯女仰式、对面全站式、屈腿搭肩式、男仰女骑式、对面坐抱式、对面侧卧式、背身后交式、背后侧卧式、屈身跪交式、背后坐交式等。每种姿势都有其利弊和功能，选择何种姿势取决于男女双方的习惯、爱好和特殊目的。

最平常的男俯女仰的上下姿势是人们习惯于采用的，它有利于受孕，特别是如果女子臀部垫一个枕头，可防止精液外流。而面对面女上男下的骑跨姿势，使女方能够采取主动，比较能满足女方的需要并容易获得心理满足感。但这种姿势精液易流出，会减少受孕机会。对于患有心脏病、高血压或体态肥胖的男士，“屈尊”于下，彼此都会感到轻松而愉快。如果女方怀孕，应避免直接压迫腹部，可采取背后侧卧式、跪式或坐式，以减少女方的运动，并切忌剧烈。对面侧卧式和背后侧卧式是两种较为省力的姿势，比较适合较为疲劳或年纪较大的夫妇。对面坐抱的姿势适合对象为妻子休态娇小玲珑而丈夫高大强壮，无疑可以扬长避短。一般而言，新婚夫妇情绪激动，又缺乏经验和默契，最好暂勿“别出心裁”，还是以“循规蹈矩”为好。

从性生活的愉快或质量而言，性爱姿势占有一定地位，始终如一的姿势毕竟会使性生活趋于平淡，而在姿势的选择和转换中，或许会发现新的潜力，获得更多幸福。在一次性爱中，变换几种姿势是可取的，可以在延长时间、变换方式中领略性爱的美妙；也可以在一次性爱中侧重一两种姿势，在下次再另换一种姿势；或者根据双方的优势与条件，通过尝试和体验找到了一种最适合双方的姿势，那就不妨以这种姿势为主，以其他姿势为辅。因为各种姿势对性爱当中的性快感和心理感受来说，都是各有利弊的，所以适当地变换姿势，可以享受各种姿势当中的优越性，增加性爱的满意度。如在双方需要充分交流感情，需要进一步增加爱抚的时候，或者需要推迟射精时间的时候，需要通过加强刺激而使性高潮到来的时候等，都可以通过双方的交流而转换适当的姿势。

做爱姿势虽然是增加性爱满意度的一个方面，但过分地迷信，认为性乐皆在其中，是不足取的。对这个问题，有必要强调以下四个基本观念。

①性爱是一门需要知识和努力的艺术，不是一个人本能地、偶然幸运地体验与陶醉的快感。因此，人要去学习，逐渐掌握这灵与肉相结合的艺术，这不是敷衍，更不可玷辱。

②性爱是夫妇双方的相互作用，要会爱，会被人爱。两人坦诚地、创造性地、富于想象地变换体位，能够克服单调，增加情趣。对于至亲至爱的配偶来说，寻找自己的满足，也寻找配偶的满足，为此而移动调控，都是各自的特权与义务，这不是爱的庸俗，而是对爱的尊重。

③不要迷信性技巧，不要以为性生活的满足一定要有各种技术变化。如果双方同床异梦，或心存芥蒂，那么任何技巧都是黯淡无光的；如果放荡纵欲，那所谓技巧也不过是玩弄的手段；如果勉强凑合，那所谓技巧则只是假作欢颜。一对夫妇如果把姿势之类看得很重，反而会引起心理负担和焦虑。

④感情仍然是第一位的，情深意切、如胶似漆，既索取，又奉献，才能发现和产生两个人之间最愉悦、最和谐的做爱方式。

爱抚阴蒂的技巧

阴蒂有丰富的神经末梢，其性功能与男性的阴茎头相似。阴蒂的大小约为1.6厘米宽和1.6厘米长，是非常敏感的性器官。

爱抚阴蒂，是多数人在性爱的过程中不可或缺的“性趣”技巧，但应掌握好时间和程度，运用得当，可以让女性获得更为充分的满足。

（1）必须适时和适度

有些女性必须经过爱抚阴蒂才能达到性高潮。阴蒂附近是相当敏感的地带，要充分地利用十指，慎重地加以爱抚，不能太过生硬和草率。最好的方式是先用手指去按摩耻骨上方附近，待阴蒂的敏感度增强后，再慢慢去接近阴蒂。

如爱抚阴蒂成功，女性会产生很大的快感，甚至能达到高潮。

（2）爱抚其他性敏感区

能够激起女性性欲的另外一种方式是爱抚女性脖子、腋下、腕、脚等部位，可以先于对阴蒂的按摩，从上而下，以直线的方式加以刺激，这种方法可以使爱抚阴蒂更为顺利。

（3）按摩背部和大腿

按摩背部和大腿是为了让女性处于一种十分放松的状态，像画图画似的搓揉，女性在轻柔的按摩中，抗拒心理会慢慢消除，这也有利于进入爱抚阴蒂的状态。此外，可对臀部、乳房、乳头进行按摩，比如，一边画着小圆，一边从内侧到外侧用4根手指的指腹进行按摩，会有明显的效果。臀部的中央稍上附近是一个非常敏感的地带，用食指和中指从肛门方向向腰部压入，下半身的敏感度就会很高。

什么是G点

G点是女性最敏感的区域，它位于阴道内距离阴道口约2/3的地方，在性反应中比阴道前端要敏感很多，但现实生活中有不少女性很少或者几乎感知不到它的存在。

G点很敏感，在性生活中男性如果能够找到G点并给予适当的刺激，女性是可以获得性快感的。刺激的方法是先将清洗干净的手指插入阴道，根据女性的反应情况再插入。性交中的任何体位都能刺激阴道，但应用正常体位及背后体位比较容易找到G点。插入不要过深，朝着G点给予刺激，像画圆的动作那样来进行性运动即可。

男性最敏感的性器官是哪里

阴茎既是男性的泌尿器官，又是男性的交媾器官，在性活动中十分敏感。

阴茎大体包括阴茎体和阴茎冠状沟两部分。阴茎体是由阴茎海绵体和尿道海绵体组成的，有着丰富的血管、神经、淋巴管；阴茎冠状沟神经分布十分丰富，有着很高的敏感性。阴茎冠状沟一旦接受了性刺激，就会形成完整的神经反射弧，使阴茎勃起，并且能持续相当长的时间，直至完成性交活动。

男性阴茎在古代的性文化中占有重要地位，曾经是“神”的象征。古人很朴素地认为阴茎是繁衍后代最重要的器官。在现代人的眼中，阴茎具有男性的“阳刚之气”。古今中外的许多艺术品皆有对阴茎进行的精细加工，以此显示男子汉的气概。

让性与爱和谐共振

所谓的性生活和谐，是指夫妇双方都能得到满足的性活动过程。和谐的建立是由双方感情状态、经验积累、默契合作完成的。应该说，没有一个谁用都灵的“处方”，每对夫妇都可能形成自己的和谐性爱方式。

首先，感情是性和谐的基础。夫妻之间的年龄、身体状况、气质、性格和行为特点不同，工作性质、时间安排不同，都使性意识和反应有所差别。建立在真挚、忠诚、平等、尊重和体谅基础上的夫妇关系，则完全可以弥补彼此间的差别。比如，当妻子劳累或略感不适的时候，丈夫的要求会遭到冷遇，或者虽然勉强迁就，却很难谈得上和谐。此时，丈夫稍加克制，会使妻子在感情上得到慰藉。在性生活上，男女也同样没有主从之分，不能认为“妻子必须满足丈夫”，也不能抱着应付的态度。对待性生活的态度有时也能反映一个人的短长，一个见事不如意便发作的男子，对性的要求可能显得粗暴；一个任性不驯的女子，对丈夫也许不够体谅、配合。因此，为了美满的婚后生活，双方都应该克服自己的不足。还应知道，在现代社会里，社会因素会影响和改变人的性功能与性和谐。

其次，掌握规律、彼此体贴配合是性和谐的保证。从男女性功能的差异上可以看出，要想达到男女和谐，主要应解决“男快女慢、男强女弱”的不平衡问题。当然，这是一般规律，也有与此不同的。女子的性冲动常处于一种蛰伏状态，调动其情欲是必要的准备，也是丈夫的义务。轻柔的抚摸（如抚摸那些性敏感部位）、爱的表情和暗示，会很快地引起全身的性反应，使彼此进入高潮。

当男子感觉性高潮即将到来时，此时用其他方法刺激促进女方，使“步伐”一致。男女同时达到性欲高潮，固然是最为和谐者，而其中有一方先达到，另一方后达到，只要有高潮和满足，均可认为是和谐的。所谓不和谐通常是男子高潮渐退，女子的性欲尚未充分发展，性快感不明显或没有性快感。偶尔一两次不和谐并不意味着总不和谐，过去和现在不和谐也非注定永远不和谐。成见和灰心会加重不和谐。

人们常常忽略“消退期”的活动，此点尤其要向男方提出。男子射精后，带着满足和疲惫独自酣然睡去，很少再去理会妻子，而女子的兴奋解除却是缓慢下降的，她还需要爱抚、温存以及情话。这对双方感情的亲昵和性的依恋颇为重要，否则，妻子对丈夫的自私而不顾及人的感受难免会有些怅惘之感。至于那些尚未达到性满足的女子，心境自然很郁闷。时间久了，就可能引起女子对性的冷淡，这岂不是对自私者的“报复”？射精后延续适当的爱抚活动，会增加和谐，补救不和谐。

最后，满意和谐的性生活，能使家庭生活融洽美好，夫妇情绪饱满地迎接第二天的学习和工作。所以，一方面要学习和创造这一特殊的夫妇间的“爱情艺术”，另一方面也要正确对待其中的不快和问题。人的爱情是多方面的，把性生活看得高于一切，也是不对的。

性爱节奏与频率

如果把性生活比作一首“二重奏”乐曲，那么，男女双方在旋律和音调上应基本一致，在节奏上也应互相配合和协调，才能使乐曲和谐悦耳。

人的生理变化遵循一定的规律。由于女性有每月一次的月经来潮，在这个循环周期中，其生理会发生很多变化，情绪和心境也会随之而变。这些变化都会影响到性欲和性的活力。因此，女性的性欲也有明显的周期变化。有人研究后认为，女性的性欲活力常常在来月经前的两三天内达到最强，在经期内退到最低限度，在经期之后又逐渐回升。所以月经前后三五天内是女性性欲的最高潮期，中间那段时间为一般状态。这种变化在有的女性身上十分明显，有的则无明显波动。在女性的性渴望期，如果丈夫对其忽视或不予理睬，那就会使妻子产生失落感；而在妻子的性欲低潮期，如果丈夫强行要求，当然会导致妻子的不快。丈夫应当掌握妻子的生理变化规律和节奏，在这种节奏中寻找自己的最佳时机，从而在和谐的节奏感当中奏出美妙的和谐曲。

和女性相比，男性的性欲节律是不明显的，但许多男性承认他们的性欲也是有周期循环的，只是这种循环的规律性不强。身体的原因、季节和气候的原因、人际交往中发生的种种情况，也会导致他们在性欲上的高低和强弱变化。细心的妻子应体察丈夫的这些变化，通过自己的配合和努力，使对方的节拍与自己的协调一致。

性爱的频率也是性生活乐曲中需协调的旋律。性交次数间隔多长为宜呢？以双方心理乐于接受和身体有能力接受，即第二天不感觉疲劳为标准。一般而言，性爱的次数会随年龄增加而递减。调查表明：男性在21～25岁，每周性交3次；在31～35岁，每周2次；在41～45岁，降到每周1次。女性略有不同，其性欲以35～40岁为最强，这是由于其性生活经验的积累和性技术的提高，另外还有一些思想顾虑的解除，如避孕得法或已行绝育手术等。

实际上，性爱频率的个体差异很大，双方的情感程度和身体健康是影响性交次数的主要因素。新婚期的性交次数一般都比较频繁，可能每天一次甚至一天数次，蜜月过后会渐渐趋于平稳，一般每周两三次，可以根据双方性欲的强弱、性的能力和身体状况等加以调整。在性爱的频率问题上，没有一定的模式，重要的是双方的交流和互相体谅，彼此应尊重对方的意愿，顾及对方的性欲高潮期和低潮期，考虑对方的身体状况。在此基础上，建立令双方愉快和满意的性爱频率，达到完全的同频共振。

▶ 应对性问题

常见男女性功能障碍

许多独立因素或综合因素都可以引起性功能障碍。任何分散性兴奋的因素都可以阻碍阴茎勃起（男性）、阴道润滑（女性）、高潮（两性）和射精（男性）。某些影响自主神经系统或有镇静作用的药物，也可引起性功能改变。常见男女性功能障碍见下表。

<table>
<tr><th>女性</th><th>男性</th></tr>
<tr><td>1.性欲缺乏</td><td>1.性欲缺乏</td></tr>
<tr><td>2.性高潮缺失</td><td>2.早泄</td></tr>
<tr><td>——原发性</td><td>3.阳痿</td></tr>
<tr><td>——继发性</td><td>——原发性</td></tr>
<tr><td>——条件性</td><td rowspan="4">——继发性
器质性
药物性
心因性</td></tr>
<tr><td>——随机性</td></tr>
<tr><td>3.性交疼痛和阴道痉挛</td></tr>
<tr><td>——原发性</td></tr>
<tr><td>——继发性</td><td>——综合性</td></tr>
<tr><td></td><td>4.不射精</td></tr>
<tr><td></td><td>5.逆行射精</td></tr>
</table>

偶发勃起功能障碍需要就医吗

偶发的性勃起障碍并不少见，是否需要就医，要因人而异。一般情况下，大多数男性都会经历偶然发生的性交阴茎勃起困难，这个现象既自然又十分普遍，只有少数人经医学检查确有器质性病变，大多数人主要还是心理问题。

能否冷静地看待这一现象并接受它，会直接影响其后果。如果用科学的方法应对，一般不会受到伤害，并且能很快恢复，继续享受健康的性体验，甚至在妻子还未发现的情况下，这个问题就能自然而然地解决了。有些人的情况则不同，他们对即使只发生一次的性交时勃起困难也会表现得忧心忡忡，甚至会像旁观者那样监视自己的性表现，这种畏惧心理和潜在焦虑导致这些男性过度关注阴茎的肿胀或疲软的程度，而忽视了其他方面的性体验，如果任其发展下去，势必导致心因性阳痿。

勃起困难是多种因素综合作用的结果，并非完全是由生理因素所引起的。比如，有些人在外出度假时很正常，回到自己家里反而不行；有些人不愿意看到避孕工具，觉得避孕工具会抑制他们的性兴奋。此外尚有一部分人或者觉得自己阴茎短小，或者有恋母情结，或者是处于缺乏爱情的婚姻关系中。这些不良心理都会让男性自卑，甚至抬不起头来，变得日趋消沉，对性生活不再有激情。

健康是一个动态的过程，人们对自己身体偶然出现的一些问题要进行科学的分析，如果自己的专业知识不足，应该请教医生，而不是自甘认命，在误区中纠结。在医生的指导下，用科学的方法卸下沉重的思想包袱，就能度过一时的困境，恢复正常的性能力。

早泄的对策

早泄指男女性交时，男子勃起的阴茎未及纳入女子的阴道，或刚纳入便已射精，阴茎随之软缩。

早泄绝大多数是心因性的。有的人有手淫习惯，手淫本身并不会直接引起早泄，但他们怕被人发现，每次都是匆忙射精，故此养成了习惯；有的人对性生活无知和误解，总担心自己“体虚、肾阳不足”，越怕越早泄；有的人夫妻关系不融洽，对妻子有敌意、怨恨和恼怒，有的人却对妻子崇拜过头，畏惧太甚，有自卑心理，或本打算表现好一点儿，却不由自主地成为早泄者。

少数早泄是器质性因素所致。阴茎包皮系带过短，妨碍充分勃起，可引起早泄，对此可以手术治疗。前列腺、尿道、脊髓和脊神经疾病也会引起早泄，老年人和脑动脉硬化患者也可能出现早泄。

这里有一点需说明，性交射精时间的快慢，除个体差异外，每个人每次射精的快慢也不相同。初婚的第一次性交，久别重逢后的性交，会由于过于兴奋，射精都较快，甚至出现早泄症状，这都属正常现象，不必顾虑，待连续2～3次性交后，射精时间就会慢下来，达到正常水平。

对于真正的早泄，和治疗阳痿一样，应消除心理压力，夫妻配合是重要的措施。在具体操作上，主要是采取延缓射精的方法。可通过改换性交姿势，降低阴茎抽动的幅度、速度，或暂停抽动，休息片刻以及转移注意力等方法，使性兴奋降低，当阴茎将要松弛时，再开始抽动，使阴茎变硬，如此反复进行，即可延长性交时间。也可以用双层阴茎套来降低阴茎头的兴奋，以延缓射精。更重要的是，双方可通过摸索实践，延长性交前的准备时间，缩短女方达到性高潮所需的时间，来达到性和谐。

治疗早泄有一种主要由女方进行的“捏挤法”较为有效。即女方在男方阴茎勃起之后，把拇指放在阴茎系带部位，食指与中指放在阴茎另一面的冠状缘上下方，稳捏压迫3～4秒钟，然后突然放松，使阴茎软缩。施加压力的方向是从前向后，绝不要从一侧向另一侧，要用指腹，避免用指甲捏夹或搔刮阴茎。女方可隔几分钟使用捏挤法一次。最初几天可在体外进行，经过几天的捏挤后，如男方自信心逐渐增强，可把此方法用于性交中。女方采用女上位，在阴茎插入阴道前先使用捏挤法3～6次，男方插入后有射精感时，应拔出阴茎，再行捏挤，如此可反复几次，最后可让其射精。当以此方法控制射精取得效果时，可改用阴茎根部的捏挤术，以避免中断性交。这种捏挤法治疗可以逐步使阴茎增强对于刺激的耐受性，从而延缓射精，达到治愈早泄的目的。

阳痿的治疗

阳痿是常见的男性性功能障碍之一，是指男性虽有性的要求，甚至有较强的性欲或频繁的性冲动，但其阴茎不能勃起（轻者勃起不坚），无法插入阴道。

阳痿分原发性阳痿和继发性阳痿。原发勃起困难（勃起时间短暂，不能维持到阴茎插入阴道），往往与对性生活过度焦虑有关，但并不常见。

继发性阳痿很常见，其原因有心因性的、器质性的或药物性的。

心因性阳痿常伴有早泄或急性酒精中毒史，担心自己的性交能力是最常见的原因。

一般而言，由器质性疾病引起的阳痿往往没有具体的突发诱因，其发作呈进行性恶化，甚至在任何情况下（如夜梦、手淫等），阴茎都不能勃起。阳痿者有的有性欲，有的没有。器质性阳痿与4种疾病有关：内分泌疾病、血管性疾病、神经性疾病、全身衰弱性疾病。

药物性阳痿除了酒精和药物成瘾之外，还有抗高血压药（包括利尿药）、抗焦虑和抗精神病药、溃疡制剂（除单纯抗酸药以外）3类药物可引起阳痿。

实际上，大多数阳痿是心因性阳痿。有的人从童年起就对女性心怀恐惧；有的人从青少年期起长期手淫，又对手淫没有正确的认识，焦虑和自责的情绪一直持续到结婚；有的人对妻子存在敌意、怨恨和恐惧，或者女方要求太多，导致精疲力竭，无法应对；有的人遭遇突然的生活打击、工作紧张、性生活环境受外界干扰等；有的人对一次性交后的一段不应期缺乏了解，或第一次性交时精神紧张未获成功，误以为自己阳痿，随之产生恐惧心理，于是诱发真正的阳痿。无论何种心理因素造成的阳痿，阳痿者在性生活时往往无心于体验性的快乐，而是出现强烈的“操作焦虑”，这种焦虑分散了对性兴奋的注意力，于是导致失败，并且很可能下一次焦虑会更甚，因而陷入恶性循环。

对阳痿的治疗，要根据所引发的原因区别对待。器质性阳痿应找出原因，治疗原发病；药物引起的阳痿，除必需可停止用药，性功能可望恢复。但器质性因素所致的阳痿，常常也有精神、心理方面的因素同时左右，不可忽视这一点。

对心因性阳痿，应尽量从病史中查找原因，消除精神和心理上的顾虑及负担，培养自信心。专家认为，一位男性，不论什么时候，只要他阴茎有过完全勃起，则他患阳痿的根源往往不会是身体方面的，而是精神方面的，所以，应该满怀信心地去医治。开始时，可以暂停一段时间的性生活，养精蓄锐，协调一下兴奋和抑制平衡；在体力和脑力方面要避免过劳，多参加一些文娱活动和体育锻炼，转移“兴奋灶”，增强体质；不嗜烟酒，减少手淫，保持阴茎的清洁卫生，避免刺激；如有全身疾病要积极治疗，这样就会逐渐获得性生活的能力。另外，在阳痿的治疗中，妻子的配合非常重要，妻子的耐心和理解，可以宽慰丈夫的心；妻子的外表、亲吻、爱抚以及热情的语言等可成为性兴奋的刺激，使丈夫消除担心，将精神集中于性生活愉悦的享受上，使性生活获得成功。

不射精的原因和治疗

性交过程中，男性阴茎能勃起，也能进入阴道，但达不到性高潮，也不射精。有的人性交时不能射精，但平时有遗精现象，或通过手淫可以射精；有的人在任何情况下都不能射精。这也是男性性功能障碍的一种。

不射精的原因有。

器质性原因：泌尿生殖器先天性畸形、脊髓损伤、腰交感神经节切除术后。

药物性原因：服用影响交感神经张力的药物，如胍乙啶、吩噻嗪类等。

精神性原因：精神上受过创伤，对性行为缺乏正确的认识，认为性是一种罪恶，导致精神性神经射精障碍；有长期手淫习惯，使射精中枢经常处于兴奋状态，或由于手淫而背上思想包袱，造成性神经失调所致；夫妻感情不好，或害怕女方怀孕等思想负担所致；害怕射精损伤身体。

性知识不足：有的新婚夫妻因缺乏性知识，主要是阴茎进入阴道后，没有抽动动作，或姿势不当，不能加快阴茎抽动的频率，故而不能达到性高潮和射精。

对不射精的治疗，主要是找出原因，然后对症下药。对器质性原因造成的不射精应积极治疗，恢复健康的身体；对因药物引起的不射精，除非必要可停用；对因精神因素和性知识不足引起的，则应学习和了解必要的性知识，端正对性的认识，消除精神障碍，建立正常、和谐的性生活。

什么是逆行射精

逆行射精是指男子在性交时能达到高潮，也有射精的感觉，但精液没有从尿道排出，而是逆行进入膀胱内。

逆行射精的主要原因是膀胱颈部内括约肌因器质性病变而致收缩功能失调，射精时不能紧密关闭，而致精液逆行进入膀胱。做过前列腺、膀胱、尿道下方手术的人，会由于手术瘢痕引起尿道下方狭窄或尿道方向改变，从而引起射精方向的改变，故引起逆行射精。服用胍乙啶、利血平等具有阻断作用的药物，也可导致逆行射精。

逆行射精对本人身体健康没有什么影响，只是在小便时，精液会和尿一道排出，尿液呈乳白色。但关键的是精液不能进入女方阴道，不能受孕。

如果婚后出现逆行射精，应及时到医院检查治疗。

为什么婚后还会遗精

在没有性交或手淫的情况下射精，叫作遗精。男子进入青春期后，睾丸不断产生精子，精囊和前列腺不断产生精浆，当精液在体内积存到一定数量而无法再积存时，“精满则溢”，就会发生遗精现象。有时则会在梦中遗精，又叫梦遗。一个未婚男青年，每月遗精几次是正常的生理现象，不会影响身体健康。

结婚以后，由于有了正常的性生活，遗精现象会大大减少或消失，但若长期没有性生活，又出现了遗精，也属于正常的生理现象。如果婚后性生活正常，仍发生遗精，而且次数频繁到一两天一次或一天数次，就是病态反应。伴随这种状态的，往往是精神萎靡不振、头昏乏力、腰酸腿软等，严重影响身体健康。

发生这类不正常的遗精现象的原因，一是器质性病变；二是性生活过于频繁而致身体虚亏；三是精神过分集中在性问题上，性兴奋度太高。

如果婚后出现遗精现象，也不必惊慌，应及时到医院检查，如有器质性病变，要对症治疗。如是后两种原因，则应控制性生活的次数，养成有规律的生活习惯，同时多参加文体活动，分散注意力，并注意增强体质。睡觉时不要俯卧，内裤不宜太紧，被子不要太厚。通过一系列的调节，逐渐可以恢复正常。

为什么会出现射精疼痛

男性在达到性高潮射精时，凡阴茎、尿道、会阴部、阴囊上方或下腹等任何一个部位发生疼痛，都叫作射精疼痛。

发生射精疼痛的原因很多，主要是由于射精部位发生异常所致，性交过频，尤其是在同一晚上重复性交时发生射精疼痛，是由于前列腺液分泌供不应求而局部过度收缩引起的，只要节制性欲，中断性生活数日，症状自可消失。另外，性生活过程中不注意卫生，引起尿道炎、前列腺炎、精囊炎时，由于局部炎症的存在，也可导致射精疼痛。发生尿道结石或尿道肿瘤时也会出现射精疼痛。对这两种原因引发的射精疼痛，应积极治疗炎症和尿道疾病，疾病治愈，射精疼痛自可解除。

女性性冷淡的原因和对策

性冷淡的含义，广义地说包括无性欲以至完全拒绝和厌恶性交；无高潮，虽有性欲也不拒绝性交但不能达到性高潮；很少出现高潮，因而对性交缺乏兴趣。患性冷淡的以女性为多。

女性性冷淡的主要原因是对性的不正确认识和性生活“挫伤”引起的恐惧和抑制。这包括：

①婚前缺乏科学的性教育或者接受不正确的宣传，把性生活视为可耻和不洁的事情，因而产生了一系列的恐惧心理（如性交的恐惧、疼痛的恐惧、屈从于人的恐惧、身体受苦的恐惧、妊娠分娩的恐惧等），这些恐惧心理沉重地压抑着性的勃发。

②新婚时期由于缺乏经验，丈夫过于急促、粗暴，妻子不但没有受到性的激发，得到满足，甚至受到了伤害（如阴道损伤、大出血等），愈发增加了恐惧和不安，以致产生憎恶和嫌弃感。

③夫妇虽已同床多年，但终未入其“门”，得其“道”。长久的性生活不和谐，性的兴趣就逐渐淡漠了。

④女性患肝肾疾病、贫血以及卵巢功能低下等妇科病，导致全身衰弱。

⑤害怕妊娠，缺乏避孕知识。

⑥丈夫早泄或阳痿。

⑦缺乏适宜的性生活环境。

⑧曾遭遇过不良性侵害（如被强奸等）或与性有关的不良刺激。

在大多数性冷淡的女性中，以性高潮缺乏为主要障碍，一部分为原发性性高潮缺乏，即从来没达到过性高潮；另一部分为继发性性高潮缺乏，即既往能获得性高潮，但后来失去了获得性高潮的能力。有的女性能够适应她们不能达到性高潮或很难达到性高潮这一事实，因此她们的高潮障碍并没有对她们的整个心理调节产生严重影响，她们能够享受性行为的非高潮方面的乐趣；但很多女性在不断的失望之后会逐渐丧失对性活动的兴趣，进而还会感到痛苦和恼怒。所以，性高潮障碍实际上是导致女性性冷淡的主要原因，一旦克服了性高潮障碍，性冷淡也会随之消失。

对原发性性高潮障碍者，医学上的治疗是针对障碍的主要原因进行指导。如帮助夫妇双方共同努力消除罪恶感，纠正其对性交等各种形式性活动的错误认识，增进夫妻之间的相互交流；让他们了解阴蒂的敏感性及其对女性性高潮的重要性，并向他们传授一些能提高女子性反应的有效技术。国外治疗原发性性高潮障碍时，首先是帮助夫妻获得初次性高潮，可以训练女性以手淫方式来体会性高潮的感觉，然后再把这种体验运用到性交中，通过不断的实践和交流，女性的自信心和热情会不断增长，性高潮障碍也会逐步得到消除。

有继发性性高潮障碍的女性往往是在能力消失之前遇到过某种意外事件，如悲哀、压抑、疾病、药物或与绝经有关的雌激素缺乏等。所以要克服继发性性高潮障碍，重点应放在夫妻双方的情感交流和提高性交技巧上，使伴侣间建立起良好的交流关系。回忆过去的亲密时光，找回过去的感觉，在两人间重建和谐而亲密的气氛，会大大有助于重新点燃性的欲火，恢复正常的性感受和性体验。

对器质性原因所致的性高潮缺乏，应针对病因治疗相关疾病，并改善全身状况。

目前在我国，性冷淡的女性一般很少会去就医，所以纠正性冷淡主要是自我医治，夫妇双方配合，可以从以下几个方面进行努力。

①接受正确的性观念，消除对性的恐惧心理。夫妻两人都应认识到，

性要求和性满足也是女性的权利，性生活是夫妻间美好的交流。

②女性在进行性生活时，应将意念完全集中于性感觉上，消除种种抑制因素，使自己完全处于放松状态。

③学习性交技巧，尤其是丈夫，应学会运用性爱艺术，努力唤起妻子的性兴奋。

④女性应热爱自己的身体，可以通过自我刺激获得性兴奋的体验，并主动和丈夫交流，逐渐将这种感受转移到夫妻性生活中。

⑤选择合适的性生活环境，营造温馨的气氛。

⑥加强夫妻间的情感沟通，消除隔阂，使夫妻情感处于良好状态。

⑦双方都要有耐心和信心，不要操之过急。

女性性交疼痛怎么办

性交疼痛是女性性功能障碍之一，即性交时伴有疼痛，严重时往往出现性交不能。女性性交疼痛的原因主要有性无知和缺乏经验、生殖器官器质性病变和心理因素，这些因素也常常错杂并存，并不一定是单一因素所致。所以要解决女性性交疼痛问题，要针对不同的原因采取不同的办法。

（1）性无知和缺乏经验

这类问题通常发生在新婚初期。新婚第一夜，处女膜的破裂会带来轻微的疼痛，但1周后症状可基本消失。如仍有明显的疼痛，而实际上并无器质性原因，可能是因为心理和精神上有高度紧张与恐惧感所致，这可能和初次性交男方动作失当或粗暴，女方本人又较缺乏性知识和心理准备有关，使其对初次性交留下不良印象。

对于这类原因造成的性交疼痛，解决的方法是解除思想顾虑，使精神和身体松弛下来，男方动作要轻柔，女方要配合，精神坦然，肌肉放松，两腿弯曲分开，会阴部稍向下用力，会明显地缓解不适。有时一两次成功的、适宜的性生活，便可扭转僵局。

（2）性兴奋不足，阴道干燥

女性从性欲唤醒到性兴奋期，位于阴道口的前庭大腺会分泌少量黏液使阴道口润滑，阴道内壁也会充血并渗出液体，以利于阴茎插入。可是女性的性兴奋唤起较慢，需要拥抱、亲吻、爱抚等调情性前奏来唤醒性欲。如果丈夫不做任何准备动作，或调情时间太短，在妻子的阴道湿润和膨胀以前，便将阴茎插入，势必导致妻子的疼痛与不适。轻微的疼痛可能随着插入后性兴奋的唤起而消失，但严重的疼痛会阻断性兴奋的出现，并随着阴茎的摩擦动作而变得更加剧烈。

导致性交时阴道干燥的原因除准备不足以外，还有恐惧、焦虑、劳累、工作和生活中的不快等心理因素。所以，使女性在性交中达到足够的性兴奋是解决这个问题的关键所在。延长性交前的爱抚时间，保持情绪的愉快，将精神完全集中于性的感受，排除其他干扰，都可能有效地唤起性兴奋，导致阴道的润滑。

（3）器质性原因

造成性交疼痛的器质性原因很多，主要有以下几方面：

①阴道：阴道炎、阴道萎缩与干燥、处女膜肥厚、阴道口先天性狭窄、外阴切开术后瘢痕等。

②阴蒂：阴蒂炎、阴蒂垢、过度摩擦、外伤、烧伤、化学品所致的阴蒂对刺激的反应性降低。

③子宫、卵巢、输卵管的疾病，附件炎、盆腔炎、子宫颈口撕裂、子宫韧带损伤、卵巢脱垂、异位妊娠、子宫内膜异位症。

④阴道过敏反应，化学品引起的刺激反应、放射线引起的阴道狭窄、手术引起的阴道缩短，膀胱膨出和尿道膨出、直肠膨出和肠癌。

⑤盆腔的其他疾病：尿道炎、膀胱炎、局部性回肠炎等。

对于器质性因素引起的性交疼痛，主要是治疗相关疾病，以消除疼痛源。

（4）心理性因素

心理性因素常见的有3类：

①人们从小所受的家庭教养因素，认为性是肮脏的观念根深蒂固，把性生活与焦虑、恐惧、有罪的情绪相联系。

②创伤性因素：对性交时的痛苦留下不可磨灭的印象，形成条件反射，如曾遭强奸、新婚时丈夫粗暴对待等。

③抑制性兴奋的人为因素：如夫妻感情不和、性生活环境不隐秘、害怕怀孕等，都会抑制性兴奋。

消除心理性因素导致的性交疼痛，需针对主要的心理原因，给予心理治疗和行为治疗。医生的治疗是一个方面，丈夫的关怀、体谅和努力是更为重要的方面，良好的性生活感受，有助于消除原有的心理阴影，使不良心理状态得到调整，性交疼痛也会逐渐消失。

性交时阴道不够润滑怎么办

一般情况下，如果准备工作得当，女性在产生性欲的同时，体内会分泌出少量的液体来润滑阴道，这样性交就能够顺利地进行。但是，有些时候，事情往往不那么美满，性交时性器官十分干燥，阴道的分泌物很少，局部不够润滑，使双方都感到不太舒服，特别是女方，阴茎抽送时阴道会感到疼痛，如果男方用力过猛，还有可能造成阴道撕裂伤。

一般情况下，发育正常的育龄女性，卵巢功能处于旺盛期，体内性激素的水平还很高，在性活动中，外阴部的前庭大腺会自然分泌出液体以润滑阴道，这样阴道内及子宫颈处的分泌物也会增多，所以阴道处于润滑的状态，房事时就不会感到干燥。

那么，为什么有些人会出现阴道不够润滑的情况呢？原因大概有两个方面。

其一，性交前女方尚未进入状态，性诱导不充分。如果性的激情与冲动还没有被激发出来，外阴部的前庭大腺就不会分泌出足够的液体来润滑阴道，局部必然会感到干燥，解决的方法是在房事前做些调情动作，进行充分的性诱导。

其二，进入更年期以后的中老年女性，卵巢功能减退，体内性激素水平逐渐下降，导致女性阴道萎缩。其症状是大阴唇和小阴唇的皮下脂肪组织减少，导致大阴唇扁平，小阴唇枯萎，阴蒂缩小，阴道外口狭小，阴道分泌物少，阴道干涩，这种情况会在一定程度上影响性交。如果是这种情况，即使有充分的性诱导，也未必会使阴道变得润滑，正确的做法是适当使用局部发挥作用的雌激素——雌三醇（欧维亭）或普罗雌烯（更宝芬或可宝净），这样既解决了局部的阴道干涩、萎缩，对全身也没有不良影响，同时可以到医院开处方使用。此外，也可简单地将外用阴道润滑剂抹在阴道口或男性阴茎部位，以起到润滑的作用。

什么是阴道痉挛

阴道痉挛又称性交恐惧综合征，是女性性功能障碍的一种。当试图性交时，围绕阴道外1/3段的肌肉群发生不随意的痉挛反射，于是这些肌肉强烈收缩成一个环状肌肉团块，像一个中心微凹的围棋棋子，把阴道入口关闭得紧紧的，以致性交根本无法进行，甚至连常规的妇科检查也不能进行。

阴道痉挛的主要原因是心理性的，和发生性交疼痛的心理性因素类似，如不当的性教育、遭受过性的创伤、初夜时丈夫的粗暴等，这些都留下了痛苦的记忆，或因疼痛和创伤引起痉挛，反复发生后形成条件反射，对性交非常恐惧，使夫妻生活的努力屡遭失败，并因此而造成严重的身心创伤和痛楚。

阴道痉挛分原发性和继发性两种，还有一种是境遇性的，即由于环境改变而发生痉挛。

在女性性功能障碍中，阴道痉挛是比较少见的，治疗效果也最好，治愈率可达90%～100%。医生会通过讲授科学知识使患者学会放松肌肉，使阴道得以逐步扩张。丈夫也应积极配合，以使妻子早日恢复正常。

婚前手淫影响性生活吗

手淫是个体进行自我性刺激以达到性宣泄的一种性行为。手淫的发生率相当高，尤其是在青少年期没有两性的性行为之前，手淫作为一种性满足的手段被普遍使用。据美国金赛博士的调查，在12～20岁的人中，女子有33%、男子有92%有过手淫。过去的宣传都认为手淫是有害的，事实上，几乎所有学者都认为手淫无论对身体还是对精神皆是无害的，它在没有性伴侣的情况下，以自慰的方式使性能量获得释放，消除性压抑，因而可以说是一种正常的性行为。

手淫本身并不会带来身体的伤害和疾病，而对手淫后果的不正确看法和因手淫习惯而产生的恐惧心理，则可能导致焦虑和神经症，头痛、乏力、注意力不集中、心悸等病态都是手淫带来的巨大精神压力所致。当然，过度的手淫和过度的两性性生活一样，会导致身体的不适或损害健康，如发生盆腔充血、疲惫、腰痛下坠、女性月经多、尿道炎等。

所以，婚前偶尔和适度的手淫，并不会影响婚后的夫妻性生活。由于婚后有了正常的性生活，性压抑得以解除，性满足得以实现，手淫现象自会消失。

只有过度、过频的手淫和对手淫行为的极度恐惧才可能影响婚后的夫妻性生活，主要表现为：

①过度、过频的手淫使性器官习惯于手的强刺激，可能导致在两性性交中的不满足，从而使夫妻性生活不甚和谐。

②对手淫行为的极度恐惧和错误认识可能导致在夫妻性交中出现阳痿和早泄等性功能障碍。

③如婚前手淫时怕被人看见而总是匆忙地结束，可能形成不良习惯，而致婚后早泄。

为了避免婚后产生这些不良后果，一要消除对手淫的恐惧和犯罪心理，正确看待手淫；二要适当地抑制过频的手淫习惯，如果能够戒除手淫，当然更好。克制是一种意志锻炼，只要坚持，定能做到。另外，要避免接受外部的性刺激，如撩拨情欲的书画、影视等，外生殖器的炎症、瘙痒症等，也可能促成抚弄和手淫，应及时治疗，消除手淫的诱发因素。

一旦婚后发生了这些不良后果，也不必紧张和焦虑，可以通过调整认识和克制、戒除手淫习惯来适应和改善夫妻性生活，这个过程也许需要一段时间，但只要有耐心和信心，最终一定会在两性性生活中获得愉快和满足。

“蜜月病”的防治和性器官卫生

新婚期间，男女都较易发生泌尿系感染，主要是急性肾盂肾炎和急性膀胱炎，女性多为合并尿道炎，男性多为合并前列腺炎。这两类炎症被称为“蜜月病”。

急性肾盂肾炎发病急，高热可达39℃以上，并伴有恶心、呕吐、便秘或腹泻。泌尿系症状为腰疼及尿频、尿急、尿痛等。尿可以出现混浊或恶臭，还可能出现血尿。如不及时彻底地治疗，将会反复发作，变为慢性肾盂肾炎。

下尿路感染所致的膀胱炎和尿道炎，常起病急，表现为尿急、尿频、尿道灼热刺痛并于排尿时加重及耻骨部疼痛等，常伴有血尿；严重者排尿次数多至无法计数，有如尿失禁。一般不发热。蜜月期间之所以容易发生泌尿系感染，其主要原因是：

①初次性生活时，由于处女膜的破裂、阴茎进入阴道、双方外阴的摩擦等，打破了生殖器官原有的生理平衡，因而容易出现感染。

②不注意性器官和手的卫生，盲目触摸，将细菌带入生殖道，引

起感染。

③新婚期忙碌劳累，再加之性生活频繁，则易导致身体疲劳，抵抗力下降，细菌便乘虚而入，加之患感冒等，尤其容易引起感染。

“蜜月病”的预防主要应注意性生活的卫生，治疗则是对症下药，如口服抗生素等。未治愈期间，应适当减少或禁止性生活，以利于身体的恢复。

注意性生活中的性器官卫生，主要应做到以下几点：

①除了日常的沐浴之外，在性生活前男女都应清洗外阴和生殖器。男子要注意将包皮翻转，仔细清洗龟头和阴茎冠状沟内的污秽，并将阴囊皱褶及阴毛丛中的污物洗净。对于女性外阴的清洗，应注意大小阴唇和阴蒂附近的垢腻，最后还要清洗一下肛门附近，清洗时应由前往后。正常情况时不要冲洗阴道，因为阴道有“自净”功能。在无疾病的情况下，频繁冲洗阴道，会破坏它的酸性环境，反而使细菌易于繁殖，造成感染。

②性交后，最好能冲洗外阴，女性最好排便一次，因为尿液有冲刷尿道及阴道前庭的作用，对女性的健康颇为有利。

③清洗时使用干净的毛巾或软布。

④性交前将双方的手清洗干净同样重要。

⑤经常更换内裤，最好每天一次；内衣和床单亦应经常更换。

怎样应对性焦虑

所谓的性焦虑，一般是指对性行为产生的焦急、忧虑和不安的情绪状态，同时还伴有心慌、出汗、肌肉紧张、运动性不安等不适。

性焦虑的常见症状是在性交时，甚至只要想到性交，便会不由自主地身体紧张、情绪焦虑，即使是与异性接吻、拥抱或被抚摸也会导致焦虑。

伴随着情绪焦虑，患者还会出现心跳加快、出汗等情况，这种心跳加快和出汗，与性行为本身产生的生理反应明显不同，带有不快与无奈的特点。

缺乏性知识也容易导致性焦虑。对儿童进行性教育一直是我国儿童早期教育的薄弱环节，如果一个人成年后没有及时补上这一课，甚至已经走入婚姻的殿堂，但对性交知识仍然一无所知，不知道怎样享受性生活，只是一味地担心处女膜是否完整，过分害怕意外妊娠的话，都容易引起性焦虑。

另外，性焦虑的产生也与一些情景性因素有关，比如婚外性生活、性交场所不够隐蔽、外界干扰因素过多等，也是导致性焦虑的原因之一。同时，性焦虑也是性心理障碍的一种表现形式，并会导致性功能障碍，如男性容易因初次性交不成功而导致阳痿、早泄，女性容易因性交疼痛、阴道痉挛而惧怕再次性交。其实，一般情况下，性焦虑并不影响正常的性兴奋，有时还会有性高潮反应，只是会降低性活动的愉悦感，或者是减少性交活动的次数。

性焦虑是可以预防的。首先，要学习一些基本的性知识，了解自己的身体和生理功能。如果症状已经比较严重，导致了性生活的不和谐，应该接受医生的专业治疗，通过学习性知识和性技巧，逐步减轻症状或消除性焦虑。此外，非常重要的一点是，患者应该学会享受性生活的乐趣，而不是保持墨守成规的简单动作。性生活是人的本能之一，每个人都可以自然地进行，大可不必为此焦虑。

▶ 学会避孕很重要

避孕方法的种类

避孕的方法很多，目前世界上普遍采用的有以下几类。

（1）不需要服药的方法

①避孕套。

②阴道隔膜。

③安全期避孕法。

④体外射精法。

（2）药物避孕法

①短效口服避孕药。

②探亲避孕药。

③长效口服避孕药。

④注射长效避孕针。

⑤长效缓释避孕皮下埋植剂。

⑥外用避孕药（避孕药膜、避孕栓、避孕膏）。

（3）宫内器械避孕

主要是宫内节育器。

（4）手术方法

①男性输精管结扎术。

②女性输卵管结扎术。

（5）避孕失败导致计划外妊娠后的补救措施

①负压吸引术（适于妊娠＜10周）。

②钳刮术（适于妊娠≥10周，＜14周）。

③中期引产术（适于妊娠≥14周，＜24周）。

④药物流产（适于妊娠≤49天）。

不同时期和不同情况下的育龄夫妇可采取最适宜的避孕方法，一般的选择原则见下表（打“√”表示合适）。

避孕方法的选择

	宫内节育器	口服避孕药	避孕套	皮下埋植	男扎术	女扎术
新婚暂不生育		√	√			
停服避孕药待生育		√				
哺乳期	√		√			
已有1个孩子	√	√	√	√		
已有≥2个孩子	√		√	√	√	

续表

	宫内节育器	口服避孕药	避孕套	皮下埋植	男扎术	女扎术
宫内节育器失败			√	√	√	
因病不宜生育	√		√	√	√	
生殖器畸形		√	√	√	√	√
年龄40岁以上	√		√			

避孕成败的关键在于坚持避孕、方法得当及夫妇间的配合。

新婚避孕方法的选择

对于新婚避孕方法的选择，目前主要有两种观点：其一，认为采用避孕套最好；其二，认为服用口服避孕药合适。其实，任何一种避孕方法都各有利弊，这两种也不例外。

对于任何避孕方法的要求不外乎两条：一要可靠，二要安全。

主张服用低剂量短效口服避孕药的医生认为，新婚时期女方阴道较紧，避孕套容易脱落，加上新婚后性中枢兴奋性很高，性交频繁，如用避孕套会带来不便，不如让女方服用短效药或探亲避孕药，待双方性生活趋于稳定，有规律后，再换用避孕套。短期服用激素类避孕药，停药后不会对怀孕有不良影响。

主张采用避孕套的医生认为，采用避孕套的优点是从根本上排除了激素类避孕药的不良反应，至于阴道较紧的问题，可以考虑配合使用避孕药膏的办法来解决，这样做的好处是可以增强避孕效果，增加润滑程度，克服避孕套容易脱落的问题。看来，采用避孕套来避孕更理想，只是需要正确使用，才能保证避孕效果。

总之，以上两种方法都可考虑。对于新婚的女性来说，不主张立即放置宫内节育器。因为：

①未育妇女的子宫对节育器的容受性较差，脱落率高，不良反应也较明显（如腹痛、淋漓出血等）。

②节育器在子宫腔内易产生无菌性炎性反应，阻止受精卵着床发育。不能完全排除可能会对子宫内膜造成损伤以导致将来不孕。

安全期避孕也不适合，因为卵巢有时会出现额外排卵，所以安全期避孕并不“安全”，此方法不大可靠。外用避孕药可以使用，但由于对使用时间要求比较严格，新婚夫妇不易掌握，也易于失败。

口服避孕药的服用法

口服避孕药是雌激素、孕激素的复合制剂，主要通过抑制排卵，改变宫颈黏液黏稠度，使其不利于精子存活、穿越，抗着床来达到避孕的目的。

优点：

①安全、简便、高效、可逆，不影响性生活。

②可以减少宫外孕的发生，对月经量大、造成贫血者有利。

缺点：

①短效避孕药用药期间必须坚持每天服用，如漏服可能造成避孕失败。

②会减少母乳量，而且药物能随母乳进入婴儿体内，哺乳期女性不宜服用。

③有些用药者会出现恶心、乳房胀痛、体重变化、点滴出血、褐斑等

不良反应。

④吸烟女性，会增加血栓风险。

适应证：要求避孕而无禁忌证的育龄妇女均可使用。

禁忌证：患有急慢性肝炎、肾炎、心脏病、糖尿病、高血压控制不满意、甲亢、癫痫、精神病、血栓病史及有乳腺癌的女性等均禁忌避孕药，哺乳期女性也不宜服用，40岁以上妇女慎用。

药物种类及使用方法：

（1）短效口服避孕药

①口服避孕片1号（复方炔诺酮）、2号（复方甲地孕酮）、0号（复方炔诺酮和甲地孕酮）、复方18-炔诺孕酮避孕片等。

服法：几种短效口服避孕药都是从月经来潮的第5天开始服药，不管月经干净与否，每晚服1片，连服22天。停药3～5天即来月经。月经第5天再开始下一个周期的服药。如果坚持服用，避孕效果在99%以上。如漏服，必须在12小时内补服1片。

②三相片。

服法：从月经的第1天开始服用第1粒，依序在每天同一时间服用1粒，直到服完21粒为止。

③单相片：优思悦、优思明、达英-35、妈富隆等。

服法：从月经的第1～5天开始服用第1粒，依序在每天同一时间服用1粒，直到服完21～28粒为止。

（2）长效口服避孕药

复方18-甲长效口服避孕片等，现较少使用。

服法：月经来潮第5天中午服第1片，20天后服第2片，以后即按第2次服药日期每月只服1片。有的人服药后会出现恶心、呕吐、白带增多及闭经等不良反应。前3次服药应加服抗不良反应片，每日3次，每次1片，连服3天。

（3）口服探亲避孕药

18-甲避孕片。

服法：探亲前一日起，每晚服1片，连服14天，如探亲当日服用，须配合工具避孕。即使探亲时间短，也需服完14片，探亲超过14天者继续服短效口服避孕药7天。

（4）事后避孕药

53号探亲抗孕片。作为未采取避孕措施的性生活或工具避孕发生意外情况如避孕套破裂、脱落到阴道内等的补救措施。

服法：于性生活后立即或在12小时内服药1片，之后第12小时再服1片，以后每次同房后服1片，1个月总量不得少于12片。

使用长效激素类避孕药。如果准备生育，最好在停药3～6个月后再怀孕，以免药物的延续作用影响胎儿发育。

怎样保存避孕药

有些人在服用避孕药的同时又怀孕了，究其原因，是所服用的避孕药失效了。避孕药失效不外乎两个原因，一是药物过了有效期，二是保存方法不当。那么，怎样保存避孕药才科学呢?

首先，在药物的有效期内，生活中的化学因素对药物的影响是很大的，如药物与药物、药物与空气、药物与光线、药物与容器、药物与水分等，它们之间都会因发生化学反应而使药品变质；其次，物理因素也会影响避孕药的避孕效果，如潮湿、风化、溶化、分层等都可使药物的避孕效果降低；另外，生物因素，如细菌、病毒、昆虫的污染也可使药品变质，导致避孕失败。

正确保存避孕药的方法是：

①将避孕药放在原包装铝箔压膜内或原瓶子里封好，置于阴凉干燥处，与其他药品分开，以防错服；放在瓶子里的药服用时最好用勺子取，避免用手直接接触；平时要经常检查瓶盖，不要让细菌、昆虫等污染药品。

②药品的外观很重要。如果保存方法不当，药物会出现变色、发霉、裂片、异物、斑点等变化，糖衣片会褪色、褪光、溶化、粘连、膨胀、脱壳；软膏剂会有流油、发硬等现象；栓剂会有“出汗”或干化、腐败的现象。一旦出现上述情况，避孕药就不能服用了。此外，一定要注意检查药品的批号，在药品的有效期内服用。

另一个需要注意的问题虽然与药物的保存无关，但同样会影响避孕药的避孕效果，那就是不要与影响避孕药药效的药物同时服用，如利福平、氨苄西林、新霉素、四环素、氯霉素、苯巴比妥、苯妥英钠、甲丙氨酯、氯氮、那西丁、吡唑酮、克霉唑和呋喃妥因等，如确因治疗上的需要必须使用上述药物时，应改用其他避孕方法。

避孕套的使用方法

避孕套是一种很薄的橡胶鞘状物，顶端有小囊，开口部有橡胶圈。有大、中、小三号（直径分别是35毫米、33毫米、31毫米）。作用原理是通过阻止精子与卵子相遇，从而达到避孕目的。

使用避孕套是一种安全而简便的避孕方法，但要保证其使用效果，必须注意正确的使用方法。

①使用前，先检查避孕套有无漏气，方法是将避孕套吹满气体，捏紧其开口部，如不漏气即可使用。

②将避孕套前部小囊中的空气排出，以免射精后精液将小囊胀破而造成失败。

③必须在阴茎勃起后再开始使用，戴上避孕套后再插入阴道。如果在射精前才戴，可能在阴茎分泌的润滑液中已有少量精子进入阴道，从而造成避孕失败。

④射精后，应在阴茎尚未软缩之前，捏紧套口连同阴茎一起抽出。避免重复使用。

避孕套如果和避孕药膏同时使用，可以提高避孕效果。

安全期避孕法

安全期避孕法是在每月的女性排卵期，即在易受孕期避免性交以达到避孕的方法。这是顺应和利用自然的生理现象而进行的一种节育措施，因此又称为自然避孕法。

此法的优点是可免除避孕药的不良作用及麻烦、器械和工具避孕法的不良作用以及对手术的顾虑等。但缺点是失败率较高，采用此法避孕，仍有20%的人会受孕。

安全期避孕法主要有3种。

（1）日历法

在正常情况下，女性的月经周期为28天左右，排卵日在下次月经来潮前的14天前后。因此易受孕期可以这样计算：先查出最近8个月经周期中的最长周期和最短周期，然后将最短周期的天数减去18，所得的数字就是在周期中易受孕期开始的第一天；将最长周期的天数减去11，所得的数字就是在周期中易受孕期的最末一天。这样，算好一次月经周期中从第几天到第几天为易受孕期，这个计算结果在下一次月经周期中也适用。例如，最短周期为23天，23−18=5；最长周期为28天，28−11＝17，即每次月经来潮后的第5天至第17天为易受孕期。例如2日月经开始的话，则6～18日为易受孕期。

（2）基础体温法

基础体温是指健康人清晨醒来时的体温，它一般是一天中的最低体温。正常生育期妇女的基础体温在排卵后会立即升高，并一直持续到下个月经周期的开始。因此女性可通过记录每天的体温变化来推测排卵期。具体方法如下：

①每天早晨醒来后，不要起床，不做任何活动，先测量体温，一般是将体温计放舌下测5分钟。

②把每天测得的体温记录在空白表格里，将各个点用线连起来，得到一条基础体温线。

③记录后如果发现在月经周期的某一天体温突然升高0.3℃～0.5℃，这便是排卵的征兆，而在排卵前24小时内基础体温是最低的。

由于精子在阴道中可存活3～7天，卵子排出后最长可活3天，基础体温最低的时候性交很容易怀孕，所以，使用此法避孕法最可靠的是从月经周期的第一天起就避免性交或采用其他避孕方法，直到基础体温升高3天以后，才能认为安全期已经开始。

（3）观察阴道内分泌物变化

受体内激素的调节，女性阴道内的湿度会有规律地随月经周期的不同时期而变化，可以根据这些变化，推测排卵的时间。

女性阴道分泌的黏液在月经周期有如下变化：

①月经期后几天内可以感到阴道发涩，没有黏液，内裤干燥，无分泌物。

②经期前期过后，阴道内有明显湿润感，内裤可见少许黄、白色的分泌物，这时应认为处于可受孕期。

③排卵期：黏液越来越多，阴道内有湿润感，黏液变清，黏滑且富有伸展性，用手纸擦拭外阴时，可将黏液明显拉长，可达20厘米。此时为最易受孕期。这种性质的黏液持续的最后一天，一般为排卵日。

④澄清而黏滑的黏液减少并消失，回到黏稠的黏液阶段，甚至没有黏液，直到下个月经周期开始。

观察黏液时可将一根清洁的手指插入阴道内，注意手指上有无黏液以及黏液的厚度和伸展性，然后做记录。一旦发现阴道内湿润或黏稠的黏液有变稀的趋势，就应认为处于受孕期，直到稀薄、透明、有伸展性的黏液高峰过后第四天，才能解除有受孕危险的警报。

使用此法并不能预测排卵时间，为保险起见，最好在月经第一天至黏液高峰第四天之内采用其他避孕措施或避免性交。

上述3种安全期避孕法最好能合理使用，以收到更好的效果。

由于女性的月经周期很容易受许多因素的干扰，因此安全期并非绝对安全。采用此法避孕的夫妻应该认识到这一点。月经周期不规则的女性不宜采用此法。

使用乳胶避孕套过敏怎么办

市场上有各种规格和类型的避孕套，只要是正规厂家的产品，并且正确使用，都会有不错的避孕效果。如果对乳胶避孕套过敏，可以改用聚氨酯材质的避孕套，这种避孕套在一般药房都可以买到，但缺点是抗菌效果略差一些，不如乳胶避孕套的抗菌效果好。

避孕套滑进阴道怎么办

性交时如果操作不当，有时候避孕套会滑落在阴道里。出现这种情况不要惊慌，首先要立即停止性交，然后将干净的手指伸入阴道，将避孕套取出扔掉，再换一个新避孕套即可。

如果避孕套滑落在阴道里是在射精之后，那么，要积极采取补救措施，具体做法是女方立即蹲下，使精液从阴道里流出后，用清水将精液冲洗干净，同时立即采取避孕补救措施，口服事后避孕药或紧急避孕药。

体外射精可靠吗

体外射精就是在性交过程中男性即将射精时，阴茎迅速抽离阴道，把精液射在女性身体外面，是避孕方法之一。生活中有不少夫妇喜欢用体外射精的方法来避孕，觉得精子射在体外，不进入女性阴道内，精子和卵子就没有结合，所以也就不会怀孕，然而事实并非如此。

在性活动中，男性在射精前常会先流出一些精液，因此，即使阴茎抽离阴道后再排出大部分的精液，仍有5%～10%的精子遗留在女性体内，遗留下来的精子有机会与卵子结合。用这种方法避孕有相当高的失败率，根据统计，失败率可达90%以上，因此是不可靠的。

此外，体外射精还容易导致下列健康问题。

（1）诱发性神经衰弱

性活动是在大脑皮层的支配下完成的，其间的心理和生理刺激，会引起人体的一系列变化和反应，如兴奋、精神紧张、心跳加快、血压上升等，同时男性的生殖器官还表现为阴茎血管充血及肌肉收缩而勃起，如果在性高潮时突然中断性交，势必对性生活产生不良的心理影响，久而久之，易引起早泄、阳痿及性神经衰弱。

（2）导致功能性不射精

射精前人体一般处于性高潮阶段，阴茎勃起很坚硬。如果此时强行中断性交，体外射精，会使中枢神经和腰骶部射精中枢的功能发生障碍，时间久了，就容易诱发功能性不射精。

（3）女性易性冷淡

在性交高潮时，女性还未获得性满足，如果男性强行中断性交，体外射精，女性的性兴奋马上停止，这种刺激会对女性心理产生不良影响，久而久之，就会导致性冷淡。

（4）造成夫妻间的不和睦

正常、适度、和谐的性生活是夫妻感情的润滑剂，性生活中顺畅、愉快的性交流起着十分重要的作用，而体外射精则容易造成夫妻间的隔阂，比如女方怀孕了，男方不认为是事先有精液进入阴道而导致了女方怀孕，反而误认为是女方有婚外情，是不贞造成的，由此引发口角；另外，强行中断性交，女方得不到性满足，心理会受到压抑，从而对性交产生反感，使婚姻蒙上阴影。所以，最好不要用体外射精的方法避孕。

宫内节育器的选用

宫内节育器（简称IUD）是一种安全、有效、简便、经济的避孕工具，一次放置能长期避孕，取出后可以很快恢复生育能力。

我国现在已能生产多种不同形状和材质的宫内节育器。第一代惰性节育器，如不锈钢单环，是我国最广泛使用的节育器类型，但不锈钢单环存在带器妊娠率高和脱落率高的缺点。第二代活性节育器，带有活性物质如铜、锌等金属，孕激素和止血药等，如T形节育器（铜）、母体乐节育器（铜）、V形节育器（铜）、吉妮固定式节育器（铜）、曼月乐节育器（左炔诺孕酮）等，目前活性节育器已取代了惰性节育器。通过释放铜离子、药物或其他活性物质，较好地克服了不锈钢单环的缺点，明显增强了避孕效果。

在决定使用宫内节育器以前，应首先考虑下列问题：

①目前是否已有怀孕的可能？

②有无淋病史？有无盆腔感染症状？有无性交痛？有无异常出血及阴道分泌物增多？

③有无输卵管妊娠史？

④是否出现过以下情况：乳液涂片异常；子宫内膜增厚；子宫肌瘤；子宫息肉；子宫形状或大小的异常；对铜有无过敏史（如果要用带铜避孕器）；有无糖尿病史、风湿性心脏病史？

⑤是否正在服用类固醇类药物或抗血凝药物?

⑥是否有严重痛经或月经量过多?

⑦是否在近期内打算怀孕?

⑧有无晕厥史?

如存在上述问题，需详细听取医生意见之后再做决定。

放器时间应选择在月经干净后3～7天（无性生活），哺乳期闭经者须先排除早孕可能后再放器，顺产后42天、剖宫产半年后放器比较合适。人工流产的同时（子宫收缩不良、出血过多、有感染可能或组织残留者暂不放）、药流后两次正常月经后，自然流产或中期妊娠引产待经且子宫已恢复正常后。用于紧急避孕，在无保护性交后5天内放置。

放器后会有腹痛现象，腹痛的时间因人而异，有人可持续几小时，一般均可自行缓解。

宫内节育器失败及不良反应（脱落、带器妊娠、月经过多等），以放器一年内较多见，尤其在放器后最初3个月内最多，以后逐渐稳定。因此，应于放器后1、3、6、12个月各去医院检查一次，以后每年查一次。若发现下列情况应随时就诊：

①月经延迟说明可能妊娠（包括宫外孕）。

②持续少量出血、严重出血或月经异常。

③痛经及急性或剧烈腹痛。

④阴道分泌物量过多或有臭味。

⑤节育器尾丝消失、变长、变短或尾丝脱出。

⑥节育器排出。

如有下列情况，应取出宫内节育器：

①因放器后不规则阴道出血、炎症等副反应或并发症，经治疗无效而

需要取出者。

②带器妊娠。

③改换其他节育方法（如绝育等）。

④绝经半年以上者。

⑤放置年限已到取出或更换时间者。

各种节育器类型及使用年限

种类	建议使用年限
宫腔形节育器（铜）	10年以上
T形节育器（铜）	10年以上
母体乐节育器（铜）	8~10年以上
环形节育器（铜）	10年以上
V形节育器（铜）	5~8年
吉妮固定式节育器（铜）	5~10年
曼月乐节育器（LNG）	5年

避孕针和皮下药物埋植

避孕针和皮下药物埋植也属于激素类药物避孕，是两种长效避孕方法。

避孕针有长效避孕针1号等，每月注射1次，主要成分是已酸黄体酮。

注射方法：第1次月经周期第5天注射2支，以后于每次月经的第10～12天注射1支。

狄波—普维拉150长效避孕针。

注射方法：每3个月注射1次，每次150mg/mL。

注射时间在月经周期第5天内。

不哺乳女性在产后5天内，哺乳女性在产后6周内。

注射避孕针的不良反应是可能出现月经不规律或闭经等。

长效缓释避孕皮下埋植剂是将避孕药（18-炔诺孕酮）装在硅胶囊内（6根）在局麻下埋入女性上臂皮下，避孕药以缓慢稳定的速度释放，避孕有效期为5年。新型的长效缓释避孕皮下埋植剂（依伴侬）是将避孕药（依托孕烯）装在硅胶囊内（1根）在局麻下埋入女性上臂皮下，避孕有效期为3年。

此法优点是妊娠率极低，平均每年每百名女性妊娠率为0.5%；高效、长效、可逆、简便，不影响性生活；如有不良反应可以随时取出，取出后可以很快恢复生育力；为不宜服避孕药和放置宫内节育器失败的育龄女性理想的新型节育方法。

此法缺点是有的人会出现月经不规律或点滴出血等不良反应。

埋植时间一般在月经来潮的第1～5天内保证没有怀孕情况时，术后24小时即可产生避孕作用。

正常情况下，5年后需将埋植剂取出。如有不规律阴道出血等不良反应，治疗无效，可遵医嘱取出。

人工流产手术

人工流产手术是用手术方法将着床的胚泡或胚胎从子宫腔排出，以终止妊娠。主要有负压吸宫术、钳刮术和中期妊娠引产术。

负压吸宫术一般用于早期妊娠，即妊娠10周以内；钳刮术用于妊娠10～14周；13～24周的妊娠，需采用引产术，其中以利凡诺宫腔注入法效果最好，不良作用及并发症少。

人工流产手术的安全性与妊娠月份成正比，小月份人流比较安全，随着妊娠月份的增长，子宫增大、充血，胎体骨化，手术的难度、出血量以及并发症的发生率也相应提高。因此，暂时不想生育或已生育过的女性一旦发现月经期过后有妊娠的可能时，应及时到医院检查，以便在妊娠早期就采取措施终止妊娠。

人工流产只能作为偶然避孕失败后的补救措施或因某种疾病不宜继续妊娠及预防先天性畸形、遗传性疾病等所采取的医疗措施，绝不能依靠人流来控制生育。从医学上讲，在妊娠的任何时期施行人流都是违反生理的，对女性健康也不利。尤其在哺乳期，有剖宫产史或短期内连续做人工流产手术的，危害性更大，其不良后果主要有以下几点：

①月经过多，月经过少，或月经紊乱，甚至闭经，导致继发不孕。

②手术中和手术后感染，导致盆腔炎。

③宫颈粘连，导致闭经，下腹部疼痛，并周期性反复发作。

④腰酸腹痛，体质下降。

⑤如手术时过分紧张，可发生心脑综合征。

因此，一定要采取有效的避孕措施，切不可有怕麻烦和侥幸心理，以尽量避免人工流产，尤其是多次人工流产。

药物流产

药物流产是用米非司酮和前列腺素类药物配合服用，以终止早孕。这是一种安全、简便的非手术终止早孕方法。

药物流产适用于早孕49天以内的女性，确诊为正常宫内妊娠，年龄在

20～40岁。有多次人流史及半年内有人流史、剖宫产术后、哺乳期等高危人流对象和对手术有恐惧心理者，也适用于药物流产。

使用药物流产的禁忌证是：

①患全身性疾病、血栓病史、严重肝病史、带器妊娠、吸烟一天超过10支。

②米非司酮禁忌证：肾上腺皮质疾病、垂体肿瘤等。

③前列腺素禁忌证：心血管疾患、青光眼、哮喘、高血压等。

④过敏体质者，妊娠剧吐者。

⑤贫血，血色素（Hb）低于100g/L者。

⑥宫外孕或葡萄胎者。

⑦经常出差、外地旅游者，居住地距离医疗单位远不能及时随访者。

药物流产不仅有其严格的适应对象，而且虽然成功率很高，但并不是百分之百的完全流产率，如果没有达到完全流产，就有可能出现阴道大出血，反复淋漓出血，宫内残留组织或子宫不能恢复正常等。有时还需用刮宫术作为补充。因此，药物流产必须在具有急诊、刮宫手术、输液、输血条件的医疗保健机构进行，在医生指导和监护下使用，切不可自己随意用药，以免发生危险。

女性节育好还是男性节育好

绝育手术可以达到永久避孕的目的，绝育手术有男、女之分。但是，由于男女生殖器官的生理构造不一样，因此这种手术的难易程度也存在一定的差异。

女性生殖器官深藏在下腹部，做绝育手术时，无论是结扎，还是安放夹子，都要切开腹壁进行，输卵管很细小，不容易找，如果受术者腹部脂肪很厚，操作起来更会增加难度，医生手术中如果不仔细，还有可能损伤周围的组织器官。

与女性不同，男性的生殖器官位于体外，部分输精管就在阴囊的皮下，并且阴囊皮脂肪很薄，输精管很容易找到，所以，无论是切断结扎，还是进行药物黏堵，均不会损伤其他组织器官。男性绝育手术所用时间短，术后恢复快，并且不用住院。所以，男性绝育比女性绝育有很多方面的优越性，应该大力提倡。

▶ 性传播疾病常识

什么是性传播疾病

性传播疾病是指因性交而传染的疾病，与“性病”不同，后者仅指曾猖獗一时的梅毒、淋病、性病淋巴肉芽肿及软性下疳4种传染病。随着科学的发展和研究的深入，人们逐渐认识和发现了许多过去已知的和未知的病原体，也可以通过性生活而传播，有些甚至可由母亲传至胎儿或新生儿。为此，1975年世界卫生组织（WHO）决定以“性传播疾病”代替原来“性病”的名称。因此，现在可以这样认为，凡因性爱行为引起性器官间传染的疾病和性器官外接触传染的疾病则被统称为性传播疾病。但是得了常见的性传播疾病也并非百分之百是由于性交所致，其他原因也可能引起感染，不要因此而完全指责和怪罪于对方，还是以积极治疗和预防为主。

与“性病”这一概念相比较，性传播疾病的含义有所扩大，它既包括性交时性器官直接接触传染的疾病，如梅毒、淋病、性病淋巴肉芽肿、软性下疳，以及腹股沟肉芽肿等“经典”性病，也包括滴虫性阴道炎、霉菌性阴道炎等，此外也包括除性器官以外的皮肤对皮肤、皮肤对黏膜、黏膜对黏膜的接触而传染的疾病，如滴虫病、疥疮、阴虱、念珠菌病、股癣、生殖器疱疹、尖锐湿疣、非淋病双球菌性尿道炎、非特异性阴道炎、性病性盆腔炎、病毒性肝炎和艾滋病等。在诸多性传播疾病中，艾滋病被人们称为“超级癌症”，目前医学对此病尚无很有效的治疗方法，故患者死亡率极高，为人类当前的大敌。目前在我国最常见的性病主要有淋病、非淋菌性尿道炎、阴部尖锐湿疣等。

现代医学对性传播疾病类型的分类，尚无统一方法。一般认为根据病原类型分类，可以大致分为：

①螺旋体性疾病（梅毒）。

②细菌性疾病（淋病、软下疳、腹股沟肉芽肿、肠道细菌感染等）。

③病毒性疾病（生殖器疱疹、尖锐湿疣、传染性软疣、病毒性肝炎、性病淋巴肉芽肿、艾滋病等）。

④真菌性疾病（生殖器念珠菌病、股癣等）。

⑤动物性疾病（滴虫病、阴虱、疥疮、阿米巴病等）。

⑥其他（非淋菌性尿道炎、非特异性阴道炎等）。

性传播疾病的传播途径主要有以下几种：

①性器官（主要通过性器官接触或性交时传染，如淋病、非淋菌性尿道炎、梅毒、性病性盆腔炎、软下疳、滴虫病等）。

②血液（主要使用被污染的血液制品及消毒不严格的医疗操作器械而被传染，如乙肝、艾滋病）。

③肛交（主要通过肛门性交传染或性器官性交传染，如同性恋者所患艾滋病）。

④皮肤黏膜（主要是皮肤与皮肤、黏膜与黏膜接触性传染或性器官间接触传染，如尖锐湿疣、生殖器疱疹、疥疮等）。

⑤粪口（主要是通过手指污染粪便传染或口淫时粪口传染，如肝

炎等）。

综上所述，我们对性病已有了初步的认识，现在通常所讲的性病，已不再单纯是过去所指的“经典”性病，它包括的范围扩大了，患病的可能与渠道也不仅仅是不洁性交一项。因此，我们应该对性传播疾病有正确的认识，积极预防性病的传播。同时也不能再用传统的观念对待性病患者，而患者更不应讳疾忌医，延误治疗。

哪些性行为易患性传播疾病

一些有悖于社会道德的性行为会导致性传播疾病的传染和蔓延，如婚外性行为、强奸、乱伦、性虐待、卖淫、嫖宿和淫乱等行为，此外还包括同性恋的性行为，其中卖淫、嫖宿、同性恋和淫乱的危害更大。

不正常的性行为可以加速性病的传播和蔓延。男性之间的肛交，精液进入同性的肛管，易诱发精液过敏，导致免疫机能发生变化，并且还会增加性传播疾病的传染机会。

淫乱性流氓活动，不但败坏社会风气，严重破坏社会秩序，而且容易造成性传播疾病的传播。

性传播疾病对生殖有哪些影响

性传播疾病严重威胁着人类健康，特别是严重威胁着人类的生殖健康。常见的性传播疾病有梅毒、淋病、性病性淋巴肉芽肿、软下疳、艾滋病、生殖器疱疹、尖锐湿疣等，它们分别都会对生殖健康造成影响。

（1）梅毒

梅毒能通过血液侵犯全身的多个组织和器官，其致病微生物是梅毒螺旋体，易引发外生殖器的局部病变。女性梅毒患者还可累及脑垂体、肾上腺及卵巢，导致生殖功能低下、排卵障碍，严重者可导致子宫、输卵管、阴道等器官失去正常功能；梅毒即使被治愈也很难恢复被损器官的正常机能，常常造成不孕。如果是在妊娠期患病，病毒可以通过胎盘和脐带感染胎儿，引起死胎或早产，或导致新生儿先天性梅毒，造成小儿夭折或残废。

（2）淋病

淋病的常见症状有外阴炎、尿道旁腺炎、前庭大腺炎、阴道炎及宫颈炎，急性期常有尿痛、尿频、尿急、排尿困难等症状。淋病是由淋病双球菌引起的，若治疗不当或不彻底，会引起子宫内膜炎、输卵管炎、盆腔炎，造成瘢痕、粘连以致输卵管伞端闭锁、积水，造成不孕。孕妇如果感染了淋病，自然分娩的婴儿会出现新生儿淋菌性眼炎，该病若得不到及时治疗，常常导致失明，还会引起新生儿淋病。

（3）性病性淋巴肉芽肿

性病性淋巴肉芽肿的病原体是沙眼衣原体，对生殖健康影响很大。该病的早期，只是在外阴部出现疱疹性小溃疡，并很快自愈，所以不容易被发现，经淋巴扩散；如果致病微生物侵犯到盆腔淋巴结、子宫旁组织、会阴、肛门、直肠周围的淋巴组织时，会造成局部的溃疡，使子宫腔变形、输卵管闭锁、卵巢变形、阴道狭窄，甚至发生瘘管或瘘孔，影响正常的生理功能，导致不孕。

（4）软下疳

软下疳是由杜克雷氏杆菌引起的一种性病，这种致病菌主要侵犯女性患者的阴唇、前庭后联合，表现为溃疡、剧痛以及边缘不规则易出血，同时有大量的脓性恶臭的分泌物，软下疳会使精子的存活率降低，从而导致不孕。

（5）艾滋病

艾滋病是由人类免疫缺陷性病毒引起的传染病，男女患者的临床表现是不一样的。男子被感染后，精子质量下降，导致不育。孕妇被感染后的直接后果是母婴传播，造成宫内感染、分娩过程及母乳传播。被母体感染的艾滋病婴儿，其症状是生长停滞、小头、头脸异常、两眼间距宽、眼裂向下斜、前额宽大呈盆状突出、鞍鼻、厚嘴唇等。

（6）生殖器疱疹

生殖器疱疹的致病微生物是单纯疱疹病毒，母婴传播的主要途径是经胎盘传播及产道感染，如果感染期处于胎儿器官形成时常常导致流产、畸胎、智力障碍及低体重儿；如果感染期处于孕末期，胎儿出生后可致各种感染发生，特别是败血病、肺炎、脑膜炎等。

（7）尖锐湿疣

尖锐湿疣除对患者本身性生活有不适影响外，新生儿也可能无辜受害。外阴尖锐湿疣是新生儿与母亲经产道接触后被感染的，但也不排除经胎盘感染的可能性。新生儿患病后的主要症状是外生殖器及喉头乳头瘤病，日后常发展为癌。

尚有其他类型的性传播疾病，如滴虫性阴道炎、非淋菌性阴道炎、霉菌性阴道炎、阴虱等，女性被感染后会引起阴道炎、宫颈炎、子宫内膜炎、输卵管炎、卵巢炎，甚至盆腔炎，这些疾病若得不到及时治疗或治疗不彻底，均可造成不孕。

总而言之，性病不仅会危及患者自身的健康，也会严重危害胎儿和新生儿的健康。因此，新婚之后准备马上生育的夫妻，要做相关的医学检查，在排除了患性病的可能性后再有计划地生育，千万不要冒险生育。

性传播疾病只出现在生殖器上吗

多数性传播疾病的症状都表现在生殖器上，如梅毒、淋病、尖锐湿疣等，但也有些性传染病可以发生在生殖器以外的某些器官上，极易造成误诊、误治。

（1）淋菌性口腔、咽喉疾病

主要由口交导致。淋菌性口腔疾病的常见症状是口腔硬腭上出现赘生物，表面不平，呈菜花状突起；咽喉疾病的常见症状是咽喉部红肿、扁桃体增大，如果按上呼吸道感染治疗基本没什么效果。

（2）淋菌性眼病

属性病之一种，有成人型、儿童型及婴儿型3种。成人型多是由病人自己用手揉眼时被感染，儿童型则是由父母或保姆传染，婴儿型多因分娩时产道感染所致。常见症状主要表现为眼睑红肿、结膜充血、眼球表面有片状伪膜形成。起初可见红色水样或血样分泌物，红肿减轻后睑裂中会流出脓性分泌物，分泌物里有大量的淋球菌。

（3）直肠综合征

性病的一种，是一组以排便痛、痒，大便呈黏液为主要症状的疾病，多发于同性恋有直肠性交史者，少数患者是生殖道感染淋菌后，病原体多为淋病双球菌、梅毒螺旋体、沙眼衣原体、单纯疱疹病毒等。

（4）淋菌性关节炎

淋菌性关节炎患者中的40%～60%，是由淋病双球菌感染所致。主要由淋球菌感染所致。此病具有受累关节不对称、多关节发病、发病前皮肤上有红斑脓包或手脚腱鞘炎等特点。80%的患者可从其宫颈、直肠、尿道或咽部培养出淋球菌。

（5）性病性肝周炎

这种疾病是性病病原体经血液播散至肝脏所致，部分病人表现为心肌心包炎、肺炎等。常见症状为右上腹剧烈疼痛、压痛及反跳痛，并伴有发热、下腹痛等盆腔炎症状，但无肝脏肿大、无黄疸的急腹症。其病原体为淋病双球菌、沙眼衣原体或支原体等。

什么是软性下疳

软性下疳是由杜克雷氏杆菌所引起的性病，多数通过不洁的性交传染，潜伏期为2～5天，是一种选择性局限性疾病，能自身接种，常发于男女生殖器、肛门等部位。

患病之初，被感染的生殖器破损处会出现红色丘疹或小脓包，并很快破溃发展成溃疡，有脓血和灼痛感，一般3～8周可自愈，瘢痕明显。

软性下疳与梅毒硬下疳有相似之处，但梅毒硬下疳的溃疡是单个的，界线清楚，脓液很少，基本不痛，愈后瘢痕轻微。软性下疳的常见并发症是腹股沟淋巴结炎，又叫软下疳横痃。破溃后呈鱼口状，愈后瘢痕明显。

软性下疳常用的治疗药物是磺胺类的药物，如磺胺异唑。横痃（指性病的腹股沟淋巴结肿大）需要进行手术处理，但不宜切开引流，当脓液多时可先抽吸脓液，再注入金霉素等加压包扎即可。

口腔病变与艾滋病有关系吗

艾滋病（HIV）会有一些口腔症状，在艾滋病发病前1～4年内，大多数患者都会单独出现口腔症状。与HIV感染密切相关的口腔病变有以下几种。

（1）白色念珠菌病

曾有专家建议，将口腔念珠菌感染和毛状白斑作为艾滋病的预测性指标。白色念珠菌病一般发生于上腭及舌背，有时可见白色斑点或斑块，还可以发生在口腔的任何部位，表现为白色或黄色斑点或斑块，斑块可以擦去，留下红色区域并伴有出血。

（2）毛状白斑病

这是位于舌两侧边缘的白色或灰色病变。病变也可延伸到舌腹部及舌背部，病变不能除去。可以说是HIV感染者和艾滋病患者的特有症状。

（3）牙周病

表现为牙根发炎，牙根溃疡，牙根坏死以及牙齿松动，并可出现牙根出血疼痛和恶臭等症状。据报道，HIV感染或艾滋病患者中，19%～29%有牙周炎。

（4）卡波济肉瘤

卡波济肉瘤既可以是单个的，也可以是多个的红色、淡蓝色或紫色的斑块或肿块，有的有溃疡，有的无溃疡，见于上腭和牙根。卡波济肉瘤几乎不出现在健康人群中。

阴部有异常就是性传播疾病吗

阴部感觉异常，只是有患性病的可能性，但不一定就是患了性病，因为白带增多、阴部瘙痒、阴部生疮、尿道流脓等生殖器部位的异常表现，常常也是皮肤科、妇科或泌尿科疾病所致。

（1）白带异常

白带是女性生殖道中的分泌物，在正常情况下分泌量因人因时而异。生理性白带无色，外观很像蛋清，略带黏性，一般在月经前后、妊娠期、性兴奋状态时分泌量会增多。如果患了性病，如淋病，也常表现为白带增多，但性状与正常白带不同，而是呈黏液脓状。患有妇科常见炎症中的阴道炎后，白带也会增多，颜色、性状、气味都会有所改变，或呈白色凝乳状，或呈黄绿色泡沫状，或呈均匀牛乳状，或有鱼腥味。这些异常是由真菌、滴虫、细菌感染引起的，是女性常见的疾病，而不是性病。

（2）阴部瘙痒

阴部瘙痒是妇科临床的常见症状，也是一些性传播疾病的常见症状。

阴部真菌感染是引起局部瘙痒的最常见原因。如果发生在外阴部，患者不仅会感到瘙痒，还可发现外阴皮肤黏膜发红。包皮过长的男性特别容易发生的真菌性包皮龟头炎和糜烂性龟头炎也常使患者瘙痒难受。另外，外阴部的湿疹和神经性皮炎都是以瘙痒为突出表现的皮肤病。疥疮也会引起瘙痒，这是一种由寄生虫引起的皮肤病，可以通过性接触传播。但在我国，疥疮常是通过一般的直接或间接接触而传播的，不仅在阴部，身体其他部位也可发生，在集体生活、卫生条件差的地方，疥疮传播很常见，但疥疮不是性病。

（3）阴部生“疮”

主要指阴部发生的溃疡性或非溃疡性的损害。阴部生“疮”可能与性病有关，如梅毒、生殖器疱疹和生殖器疣，但还有另外一种可能，比如过敏性药疹，有时也会长在生殖器上，一些外用药、阴道栓剂、除臭剂、避孕工具、香皂等的刺激，都可以使部分人在生殖器部位发生接触性皮炎。还有一些年轻女性会患急性女阴溃疡，外阴部出现一个或数个疼痛性溃疡，这也不是性传播疾病。

口、外生殖器和眼三联征是一种全身性疾病，除生殖器溃疡外，还会受到口腔及眼的损害，有的还会出现心血管、骨骼、皮肤、神经和胃肠道的症状，但不是性病。如果男性尿道流脓、尿痛，特别是如果在性接触之后发生，倒要多考虑淋病和沙眼衣原体感染，这些都是目前在我国较常见的性病。

表面看来，性病和非性病都有相似的临床表现，但有一点很容易鉴别，即前者为传染病，通过性接触感染，而后者则无此特征。阴部出现异常情况的患者，应积极就医；有可疑性接触史的，更要到正规医院接受检查，不要自己随便乱用药，即使有不正当的性行为，也要接受专业的治疗。如今，正规医院的医生对性病诊断一般本着“从严”的标准，不会随便给患者戴上性病的帽子，而且诊疗时会给患者以单独的空间，使其不受干扰，隐私能受到保护。

淋病是怎么回事

淋病是由淋病奈氏菌（简称淋菌）引起的以泌尿生殖系统化脓性感染为主要表现的性传播疾病。其主要传染方式是性交，但带有淋菌分泌物的器物也有可能导致间接传染，如被污染的毛巾、擦脚布、衣物等。如孕妇患有淋病，胎儿娩出经过产道时也可能受感染而造成新生儿淋菌性眼炎。

淋病发病率相当高，占整个性病发病率的2/3以上，且潜伏期短。淋病分急性和慢性两种，病程在2个月以内的属于急性淋病，超过2个月的为慢性淋病。

男性患淋病几乎都是通过性接触传染，发病较女性剧烈，一般感染两天左右发病，多为急性淋菌性尿道炎。患者在排尿时有灼热和刺痛感，由尿道内向外溢出脓性或血脓性分泌物，尿频、尿痛，还伴有不同程度的发热、乏力等症状。如对急性淋病治疗不及时，会转为慢性淋菌尿道炎，或并发淋病性附睾炎。女性淋病患者自觉症状较轻，多数人无明显不适，即便有也是较轻微的灼热、尿频、尿急等，发病多表现为宫颈炎、尿道炎、前庭大腺炎。如不及时治疗，会引起一系列并发症，绝大多数病例会合并生殖系统感染，可引起子宫内膜炎、输卵管炎，使输卵管完全阻塞导致不孕。另外，孕妇患淋菌性宫颈炎，易造成胎膜早破、羊膜腔内感染，可引起早产或产生败血症等疾病，所以说，淋病对女性危害甚大，不可忽视，特别是孕妇，一旦发现，应及早中止妊娠，足月可行剖宫产。

对于淋病的预防除禁止不洁性交外，还要注意间接传染。不使用被污染的器物，阴部不直接接触公共用具。若男女有一方患病，另一方应注意被褥、用具的消毒和隔离，同时一定要做必要的检查、治疗。首选药物是头孢曲松钠，并加用红霉素。临床治疗主张大剂量一次根治，以免转为慢性或其他并发症。

由于性传播疾病有多种同时传播的可能，所以淋病患者在治疗的同时，应进一步检查是否还患有梅毒及其他性传播疾病，以便及早治疗。

梅毒的症状

梅毒是由一种叫苍白密螺旋体的病原体引起的慢性传染病。这种病有先天与后天之分，先天梅毒也叫胎传梅毒，是通过母体的胎盘传入胎儿的；后天梅毒也称获得性梅毒，主要是通过性交感染，因螺旋体通过皮肤或黏膜的细微损伤侵入人体而发病，也有极少数患者是通过非性关系（如输血或接触被污染器物）而感染。由于梅毒是严重危害人体健康的性病之一，所以对其的诊治要格外注意。

因不洁性交而传染的梅毒，如果没有得到治疗，在3～4周的潜伏期后会在感染处出现初疮（亦称硬性下疳），多见于外生殖器部位，如冠状沟、阴茎头、大小阴唇、子宫颈、阴蒂等处，呈圆形或卵圆形鲜肉红色糜烂，表面有少许渗液或覆有一层灰白色薄膜。其中心稍凹陷，边缘稍隆起，边界清楚，直径1厘米～2厘米。硬性下疳多为单发，触之如同软骨，不觉疼痒，但此时有极强的传染性。硬性下疳如不治疗，经数周后可自愈，而进入一期潜伏梅毒。

感染8～10周后，患者全身会发生二期梅毒，出现梅毒疹。二期梅毒皮疹有多种，常见的有斑疹、丘疹、湿疹及扁平湿疣等。发疹前常发生低热、头痛、骨痛、神经痛、四肢疼痛等前驱症状，持续3～5日，待皮疹出现后自行消退。各种梅毒疹愈合后一般不留瘢痕，但传染性极强。斑疹最常见，占二期梅毒的70%～80%。早发性斑疹为直径约0.5厘米大小的圆形或椭圆形淡红色斑，各个独立，不相融合。多先发于身上，渐次蔓延及四肢，几天后遍布全身。斑疹约经数日或2～3周后即可不治自愈。复发性斑疹一般发于感染后2～4个月，也有推至半年或一两年者，皮肤损伤形状比前者大，但数目较少，多发于下肢、肩胛、前臂及肛门周围，发病时间较长，预后可反复再发。

丘疹可分为大型和小型两种，临床最多见的是大型丘疹。形状为扁豆至指甲盖大小，略高起、中央微凸的扁平浸润，边界明显，呈肉红色或暗红色，多分布在外生殖器、肛门、股内侧、乳房下方等皮肤表面或多汗部位，表面常湿润，称为湿疹性丘疹，患者感觉灼痒，行走及摩擦时可感疼痛。此类丘疹表面的渗液中含有大量梅毒螺旋体，传染性极强。

二期梅毒还会对人体的黏膜产生损害。常见于唇、舌下、颊黏膜、生殖器黏膜。为灰白色或乳白色如指甲盖大小微隆起的斑片，拭去表面灰白色薄膜后，露出鲜红肉色，无明显痛感，有多数梅毒螺旋体，传染性强。

二期梅毒除皮肤及黏膜皮疹外，还可发生梅毒性脱发、颈部白斑、骨炎、骨膜炎、关节炎等病症。

感染梅毒3～4年、少数在30年后发生三期梅毒，又叫晚期梅毒。发生的原因主要是早期不治或治疗不彻底，体内残留螺旋体继续损害机体，其发生率占患者的30%左右，故早期彻底治疗十分重要。

晚期梅毒皮肤及黏膜损害为结节性梅毒疹和梅毒性树胶肿，临床上已无传染性。结节性梅毒疹由多个粟粒或豌豆大小红色隆起的浸润性小结节组成，常呈环状或蛇形排列。预后留有瘢痕，常见于躯干、四肢，也有见于颜面。梅毒性树胶肿好侵犯小腿、头、额等处。初发为豌豆大硬结，后逐渐增大、软化，最后破溃，流出少量胶样分泌物。一般溃处愈合后，他处又继续蔓延。树胶肿发生在鼻部时可使鼻梁下陷形成鞍鼻。发生在上腭时常致口腔与鼻腔穿孔。病程缓慢，可以自愈。未经充分治疗的患者，10～20年以后可向内脏器官发展，使神经、心脏、血管、骨、眼睛等处受到侵犯，因而产生器质性病变和功能障碍。

由于梅毒对人体有严重损害，并且有极强的传染性，所以防治梅毒是预防性病的重要任务之一。梅毒的防治原则是要求对早期患者彻底治愈，以消灭传染源。对晚期患者要求控制症状，保护器官功能，延长生命。梅毒的治疗必须做到早期足量，即早发现、早诊断、早治疗，用药要足量，治疗要正规，按计划完成疗程，并进行疗后追踪，及早发现，控制复发。现代抗梅毒的首选药物为青霉素，患者要按照治疗方案坚持注射。

什么是尖锐湿疣

尖锐湿疣又称肛门生殖器疣，是一种好发于皮肤与黏膜交界处的尖头瘤状湿疣，由人乳头瘤病毒引起。尖锐湿疣一般是通过性接触而传播，其中半数患者往往伴有其他生殖器感染。女性患者已被发现与宫颈癌发生有关。这种性病的发病率较高，与患者发生性接触后，大约有2/3的性伴侣被感染上此病。尖锐湿疣的发病与机体免疫状态关系密切。孕妇易患此病且病灶于妊娠期增长快，分娩或流产后缩小或自然消退。

尖锐湿疣好发于外阴（如冠状沟、包皮内、女阴、大小阴唇等部位）、会阴、肛周、腋窝、趾间或妇女乳房下方。本病发病开始为少数微小淡红色丘疹，逐渐增大增多。由于局部潮湿和慢性刺激，常迅速增大，形成乳头状或菜花状。尖锐湿疣呈污灰色或红色，表面湿润且柔软，自觉瘙痒，容易继发细菌感染。常自裂隙中分泌脓性分泌物，散发恶臭。肿物也可在几个月内自然消退，但在外阴、阴茎或肛周区域可转化为鳞状细胞瘤，但这种转化通常需要5年、十几年或更长时间。

由于尖锐湿疣具有较强的传染性，并有恶变的可能性，所以患者一经发现要立即进行检查和治疗。女性患者首先要做宫颈刮片检查以排除宫颈癌的存在。应根据不同病情选择治疗方法。如病灶少且小，仅在外阴部，可用1%酞丁安膏涂擦，每日3～5次，4～6周可望治愈。也可用苯甲酸酊涂擦，用后病灶变白，并有烧灼感，每周1次，5～6次可望结痂痊愈。还可用50%三氯醋酸局部涂擦。如病灶有蒂且大，可进行冷冻、电灼、激光治疗。更大的疣可考虑在局麻下手术切除。配偶或性伴侣若也患病应同时治疗。女性患病后要严格避孕，以免妊娠后使病情迅速加重。孕妇如已足月妊娠，以择期剖宫产分娩为宜。

怎样预防性传播疾病

同人类的其他疾病一样，对性传播疾病的预防十分关键，就个体而言，应注意以下几点。

①性传播疾病的传播途径是性接触，所以，预防性传播疾病就要避免与患者或可疑带菌者发生性接触。

②提高道德修养，避免婚外性关系和不正当的性行为。需要提醒的是，即使使用避孕套，也不能完全防止疾病的发生，所以应该自尊、自

爱，尤其是对于艾滋病的防范十分重要，因为目前医疗界对艾滋病尚无有效的治疗方法。

③如果不幸染上了性传播疾病，在未治愈之前，要绝对禁止与任何人发生性行为，且不能与家人共用浴缸、浴盆，有条件的，最好能分室分床居住。

④性传播疾病患者要慎重接触儿童，特别是幼女，即使使用了市场上出售的外阴清洁剂，也要格外小心，因为这些清洁剂虽然可以杀死一些细菌、病毒等病原体，但不能完全消除性传播疾病的传染性。

⑤有些性传播疾病是可以间接传播的，比如使用未经消毒的尖锐湿疣、淋病、艾滋病等患者用过的毛巾、盆、剃须刀等，都是可以感染性传播疾病的，所以养成良好的个人卫生习惯很重要，特别是在公共场所，如在旅馆、浴池、游泳池等处要加强自我保护意识。女性尤其应注意避免接触不洁器皿，最好自备一次性卫生用品。此外，应远离毒品，不共用注射器，不轻易使用进口的血液制品。

总而言之，性传播疾病是一种典型的社会病，其传播和流行与社会因素密切相关。如果我们每个人都能以道德准则规范自己的行为，自觉地抵制各种不正当的性行为，就能从根本上防止性传播疾病的蔓延，因为任何种类的性传播疾病都是可以预防的。

滴虫性阴道炎的防治

滴虫性阴道炎是一种妇科常见病，由阴道毛滴虫所引起。此病的临床表现是稀薄的泡沫状白带增多，并发外阴瘙痒，若有其他细菌混合感染，则排出物呈脓性，可有臭味，瘙痒部位主要是阴道口及外阴，常伴有灼热、疼痛、性交痛等。如尿道口感染，可有尿频、尿痛，有时有血尿。

滴虫性阴道炎的传染方式有：

①直接传染，即性交传播。由潜伏或寄生毛滴虫的男方泌尿生殖器，性交时直接传染给女方。反之，感染毛滴虫的女方也会通过性交使男方感染。

②间接传染。经浴池、浴盆、浴巾、泳池、坐便器、衣物、器械及敷料等途径传播。

③医源性传播：通过污染的器械及敷料传播。

少数患者阴道内有滴虫感染而无炎症反应，称为带虫者。由于滴虫消耗了阴道细胞内糖原，改变了阴道酸碱度，破坏了防御机制，促使继发性的细菌感染，所以，无论有无炎症反应，凡患滴虫性阴道炎的患者，都应及时治疗。

滴虫性阴道炎重在预防，因此做好个人卫生非常重要。

①阴部不要直接接触公共用具（凳、椅、坐便器等）。

②公共浴室提倡淋浴。盆浴前，浴盆、浴巾应严格消毒。

③不要使用他人贴身衣物。

治疗分全身用药和局部用药，也可全身、局部联合用药。全身用药为甲硝唑（又称灭滴灵）200mg，每日2～3次，7日为1个疗程；或替硝唑1.0克，每日1次，首日加倍，3日为1个疗程，性伴侣要同时治疗。局部用药有甲硝唑栓、孚舒达栓（即复方甲硝唑栓）等，每晚塞入阴道深部1枚，7日为1个疗程，局部用药前，可先用0.1%～0.5%醋酸溶液冲洗阴道，改善阴道内环境，可提高疗效，凡用过的内裤、盆及毛巾均要以开水烫洗后暴晒。

治愈标准为应在每次月经后复查白带，经3次检查均呈阴性，方可称治愈，因为滴虫性阴道炎常于月经后复发。

念珠菌阴道炎的治疗

念珠菌阴道炎（也称外阴阴道念珠菌病）是一种常见的阴道炎，过去被误称为霉菌性阴道炎。病原体80%～90%为白色念珠菌，属于真菌类。白色念珠菌为条件致病菌，约10%非孕妇女及30%孕妇阴道中有此菌寄生，并不引起症状。当阴道内糖原增加，酸度增高，局部免疫力下降时，较适合念珠菌的繁殖而引起炎症，故孕妇、糖尿病患者及接受大量雌激素治疗者更易患此病。此外，长期使用抗生素，造成机体内菌群失调，也易使念珠菌繁殖。穿紧身化纤内裤、肥胖会使会阴局部的温度及湿度增加，使念珠菌易繁殖而引起炎症。

该病的主要表现为外阴瘙痒、灼痛，症状严重时坐卧不宁、痛苦异常，还可以有尿频、尿痛及性交痛。急性期白带增多，典型的白带呈白色豆渣样。

要治疗念珠菌阴道炎，首先要消除诱因，如有糖尿病，要给予及时治疗，及时停用广谱抗生素或激素，要勤换内裤。为造成不利于念珠菌生存的条件，可用碱性溶液如2%～4%碳酸氢钠溶液冲洗外阴及阴道，10次为一疗程。以局部治疗用药为主，可选用下列药物放入阴道深部。

①达克宁栓400毫克/枚，每晚1枚，共3日；或200毫克/枚，每晚1枚，共7日。

②克霉唑栓或片剂，每晚1粒（150毫克）或1片（250毫克），连用7～10日。

避孕会不会影响性生活

在准备采取避孕措施的新婚夫妇反复考虑的问题中，第一个大概就是避孕会不会影响性生活的正常反应。其实，大量的科学实验证明，各种避孕措施，如男用避孕套、女用阴道隔膜、口服避孕药以及节育环等，对人体及性功能、性生活不仅无不利影响，反而能“为性生活提供自由与心理解放”。一些人出现的所谓“性不适”，不是措施本身引起的，而是长期的社会影响构成的心理错觉、误解甚至扭曲的结果。

PART 3

家庭和谐篇

▶ 初为人夫

读懂你的妻子

妻子是一本书，要读懂她可不容易。

所谓读懂你的妻子，就是说要认识、了解你的妻子。专家认为，婚后生活的和谐与否取决于夫妇双方能在多大程度上相互认识，在多大程度上进入对方的内心世界和明了对方的特殊心理及需求。

也许有人会说，这是不言而喻的，如果我不了解她怎么可能同她结婚呢?

其实不然，婚前的相互了解，无论达到什么程度都是相对的。因为恋爱是一个特殊的阶段，男女双方都处于高度亢奋之中，为了博得对方的好感和爱慕，各自都极力把最美好的一面展示出来。在这个阶段，“情人眼里出西施”，男方不仅会把女方的形象美化，而且还会把她的思想、品德、性格等同时美化，有时甚至还会把缺点看成优点。

而婚后，双方的情绪都逐渐平稳下来，眼光也变得客观起来。就像卸了妆的演员，双方都毫不掩饰地显露在对方面前。此时做丈夫的才会发现妻子有很多地方与原来想象的不大一样，原以为十分了解的她也变得有些陌生起来。

这种现象相当普遍，用不着大惊小怪，因为整个婚姻过程就是二人相互了解、相互适应的过程，就是能否顺利地从“我”走向“我们”这个新的心理组合的过程。

而有的人却不这样认为，他们以为结了婚就万事大吉了，没有什么必要对妻子再做进一步的了解。他们把精力更多地放在自己的事情上，好像忽略了妻子的存在。这样下去是很危险的，如果双方长时间缺乏必要的交流，缺少相互的适应，爱情是难以巩固的。

首先要在生理方面了解妻子，读懂妻子。婚后，丈夫对妻子的身体有了切实的、全面的了解，不再像婚前那样懵懵懂懂，这是不言而喻的。但是细心体贴的丈夫绝不应停留在此，而应去进一步地了解。例如，妻子有哪些爱犯的“老毛病”；每次性生活后，她的感觉如何；妻子对哪些食物过敏；是否有什么特别的嗜好。对妻子特殊的生理阶段，如月经来潮时的表现也应格外留心，因为大多数女性在经期都会感到下腹部轻度不适、腰酸乏力、心情烦躁和情绪不稳定。此时，更多地承担一些家务劳动，让妻子尽可能多地休息，尽量避免与妻子争吵，以稳定她的情绪，都是一个好丈夫应该做到的。

其次就是要在心理方面读懂妻子。要想对妻子的个性心理品质有较深入的了解和认识，其捷径就是了解和认识她的父母与家庭。妻子是从娘家父母那里走出来的，不可避免地带有那个家庭文化的烙印，了解了那个生她、养她的家庭，就等于了解了她的一半。因而对她的兴趣、爱好、性情、习惯等也就更容易理解。遗憾的是，有的丈夫既不屑于了解自己的妻子，又爱武断地把自己的行为方式作为衡量的标准，指责妻子这也不好，那也不对。这样做，很容易引起争吵，产生矛盾，损伤夫妻感情。

最后，读懂你的妻子绝不是一朝一夕的事，尽管它贯穿于整个婚姻，但关键还在于初为人夫时。近年来，离婚现象中的一个新趋向就是婚龄越来越短，有的夫妻甚至在新婚不久就闹起了离婚。这里有一个至关重要的原因，就是双方在婚前了解不够，在婚后又不能进一步地了解、调适和适应，以至于感情很快破裂。

如果说读书分粗读和精读两种，那么对于妻子这本书也是如此，婚前可算是“粗读”，婚后就应该“精读”了。无数事例都证明，只要做丈夫的满怀爱恋之心，妻子这本书就定会一页一页地读下去，而且越读越精彩。

宽容，男人的美德

宽容，是所有人的美德，更是男人的美德。

宽容，是对人的尊重和理解，是处事的豁达和大度。

宽容，最能体现人的气质，尤其是男人的气质。

对于妻子来说，丈夫的宽容更为重要，它是家庭幸福的保障。

宽容首先是一种胸怀。古人说：“君子坦荡荡，小人长戚戚。”宽容是内心善良的外在表现，只有与人为善者才能宽以待人。那些以自我为中心的人，是难以对人宽容的，因为他们始终把生活的天平倾斜在自己一边。这种人做了丈夫后，对妻子也难免刻薄、挑剔。他们喜欢拿妻子与外人做比较，总觉得别人的妻子比自己的妻子好，因此而指责自己的妻子这也不对，那也不好。他们独揽家庭大权，妻子无论做什么事，都必须符合他们的心意。这种狭隘自私的心理使他们不能平等地对待妻子、尊重妻子，更谈不上对妻子宽容。

宽容也是一种态度，是和颜悦色和平心静气。有事同妻子商量，凡事不强加于妻子；不轻易干涉妻子的职业选择，不粗暴妨碍妻子的兴趣爱好；妻子出了大错，批评起来不没完没了；对妻子的家人和朋友如同对自己的家人和朋友一样友善，绝不在对婆家或娘家的厚薄问题上斤斤计较。即使妻子待自己的父母比公婆更亲一点儿，也要把它看作人之常情。若妻子工作忙无暇干家务或家务没干好，也绝不随意抱怨。如此等等，才是一个堂堂正正的男子汉大丈夫所应拥有的宽容的态度。

宽容还是一种自信，对爱情的自信营造了宽松的家庭氛围，坚信自己的妻子绝不会无缘无故地背叛爱情，所以从不疑神疑鬼。给妻子生活的自主权和自由度，允许妻子有正常的异性朋友和正当的社交活动；不因妻子跟别的男人多说了几句话就失去理智、醋意大发，更不会神经质地跟踪、盯梢。现在有的男人对妻子特别“不放心”，除了种种客观原因外，对爱情的不自信是最主要的，他们不是苦练“内功”，加强自身的魅力，而是对妻子横加各种限制，以为这样就可以拴住妻子，其结果往往适得其反。

宽容的男人具有健康的心理，他们既不自傲也不自卑，如果妻子比自己的地位高，事业比自己成功，钱挣得比自己多，他们也不会认为这是在无形中贬低自己，而是由衷地为妻子感到自豪。狭隘的男人则不同，他们生怕妻子强过自己而被别人瞧不起，他们宁可自己无能，也不能让妻子出头。这些封建意识较重的男人常常以家务为借口，把工作干得如鱼得水的妻子重新拉回家庭。

近年来，不少研究者认为：妻子的容貌如何，不仅与先天有关，也取决于丈夫的态度。如果丈夫通情达理、宽容大度，对妻子充分信任，不干涉她的自由，“长相知，不相疑”，那么妻子的情绪就会愉悦、平衡，心理就处于健康状态，内分泌正常，新陈代谢旺盛，这样，妻子就必然容光焕发、红光满面；反之，如果丈夫狭隘、粗鲁，对妻子动辄怀疑、指责或打骂，妻子就会郁郁寡欢、闷闷不乐，整天提心吊胆，心情压抑不畅，势必影响血液循环，造成内分泌失调，其结果就必然使妻子面色灰暗、皮肤粗糙、未老先衰。由此可见，宽容，作为男人的美德是何等重要。

当然，对宽容的理解也要避免产生误差。例如，宽容并不等于没有原则，因为对坏人宽容就等于对好人残忍；还有，虽然男人一般比较粗心，但是粗心并不等于宽容。因为宽容是理智的态度，而粗心往往是糊里糊涂。

有人说，宽容在美德中是最重要的一种，这句话很有道理。因为宽容是以美好的心灵、宽阔的胸怀、优良的品德、高尚的情操为基石的。虽说做一个宽容的男人很不容易，但只要朝着这个方向努力，就一定能够接近目标。宽容的男人必将得到生活的厚爱，宽容的男人定会赢得持久的爱情。

注意你的仪表

爱美之心，人皆有之，男人也不例外。

恋爱时的男人，为赢得女友的好感，无不衣冠楚楚、彬彬有礼。他们懂得，好的仪表能最快最直接地给人一种愉悦的感觉。

注意仪表是一种文明高尚的行为。外在的仪表能够反映一个人的内心世界，应该说，凡热爱生活、乐观向上、精力充沛、朝气蓬勃的人都是会注意自己的仪表的人。

仪表是一个人外貌、衣着、举止、谈吐的综合体现。好的仪表不仅是清洁的外貌、整齐的衣着，同时还是高雅的谈吐、得体的举止。如果一个人打扮时髦、穿着华丽，却口吐秽言、行为失态，又怎么能让人觉出他的仪表美呢？

尽管男人在恋爱时个个注意修饰打扮，但有些在婚后却不大在意。一方面，有男性认为爱美是女人的专利，只要妻子漂亮就行了，自己怎么样无所谓；另一方面，有的男性也是太懒，认为反正婚也结了，还费那个劲儿干什么。其实，这些认识都是很片面的。

很多爱情心理学家认为，不论哪个民族、哪种血统、哪种文化背景的夫妻，和他们各自的恋爱期和新婚期相比，以后爱情的感觉总会或多或少地发生衰退。怎样避免这种衰退以保持夫妻间永恒的爱情呢？其中一个秘诀就是要在穿着打扮和夫妻生活上努力保持性吸引力。很难想象，一个浑身散发着异味、着装邋遢、言语粗鲁、缺乏男性风采和魅力的男人能够得到妻子的青睐和温存。仪表的好坏看似是小事，却关系着爱情的持久和巩固，对此，新婚的丈夫切不可掉以轻心。

注意仪表还是一种对自己和对他人的尊重。一般来说，仪表端庄、举止得体的人最容易受到人们的欢迎，从而建立起良好的人际关系。有的人把注意仪表与虚荣心等同起来，这是不对的。尽管虚荣心强的人为了出风头也很注意自己的仪表，但注意仪表的人绝非全部虚荣。

俗话说，“男人的衣装，女人的脸”，意思是说男人是靠家里的女人收拾打扮的，男人的衣装如何也间接体现了妻子的勤劳与否。有的男人以为自己邋遢一点儿没关系，岂不知这还关系着妻子的脸面问题，让外人看了，以为是当妻子的待他不好，或妻子太笨太懒惰。如果真是这样倒也罢了，若事实不是如此，岂不冤枉了妻子。所以，当妻子的注重丈夫仪表的好坏是人之常情，当丈夫的要理解这一点，把自己的仪表搞好，这既体现了家庭生活的幸福和美满，也是对妻子自尊心的保护。

注意仪表并不是说一定要花很多钱买高档服装，仪表好的第一要素是清洁。假如一个人浑身名牌，但胡子不刮、皮鞋不擦、露在西服外面的衬衣的领口和袖口都是污渍，又怎能给人一种仪表美的感觉呢？衣物不在于新旧，但必须清洁整齐、搭配协调、注意场合、穿着得体。还有的男性在外面还可以，但一回到家就无所顾忌、随便至极，这也是一种不太好的表现。

注意仪表还要把功夫下在个人的修养上，千万不要只重外表不重内心。要多读有益的书刊，多看有益的影视剧，多做有益的文体活动，少一些低级趣味，多一些文明高尚，这才能使自己真正成为一个仪表堂堂的男子汉。

好的仪表不仅能使他人愉悦，同时也能让自己心情舒畅、充满活力。一个身心健康的男人只要不是忙得不可开交，就应该时时处处注意自己的仪表，始终保持着朝气蓬勃、乐观向上的精神风貌。

▶ 初为人妻

细心体察你的丈夫

婚姻是一种特殊的结合，是把男女终身联系在一起并使他们互相尊重、互相体贴的一种感情上的契约。细心体察自己的丈夫，是婚后家庭生活幸福的保障，是做妻子的重要职责。现在有的女人从恋爱时起就娇滴滴地要求丈夫什么都顺着自己，一旦结了婚，更是把丈夫培养成不折不扣的“气管炎”（妻管严）。她们把自己的出嫁当成对丈夫的恩赐，始终凌驾于丈夫之上，根本谈不上对丈夫的细心体察。而珍惜爱情的妻子无不重视对丈夫的体察，她们懂得，男女之间有诸多方面的差异，要想永远和谐地生活在一起，就必须充分了解自己的丈夫，关心体贴自己的丈夫，不断协调双方的关系。

男女之间的差异，有的比较明显，有的却不那么明显。例如，在生理方面，男子由于新陈代谢的速度相对较快，所以多为热血型；女子由于新陈代谢的速度相对较慢，多为冷血型。热血型的丈夫与冷血型的妻子在对室温的要求上就会有所不同，一个希望低一点儿，一个希望高一点儿；一个要开窗，一个要关窗。如果妻子不了解上述差异，就会以为丈夫是在故意跟自己作对，弄不好还会为这点小事发生摩擦，造成不必要的矛盾。

再如在心理上，男女对爱情的需求也有不同。尽管男子也喜欢浓情蜜意的时光，但不像女子那样几乎随时随地都想得到对方的温存，女子往往把那种无时不在的温存看作丈夫对自己的重视和爱情。如果妻子不了解这种差异，就会对丈夫婚后的某些“冷淡”态度产生误解甚至怀疑。

一般来说，男子不像女子那样善于表达，男子受了伤或者生了病，不到严重时是很少出声的。如果妻子对丈夫不能细心体察，就很容易忽略丈夫身体上的不适。还有，男子不像女子那样爱轻易表露自己的情绪，他们有事往往憋在心里。很多女人都以为男人无比坚强，其实再坚强的男人也有脆弱之时。特别是在现实社会中竞争加剧，工作中的压力增大，不顺心的事常有发生。如果妻子不能察言观色，就难以发现丈夫情绪上的变化，无法及时对他进行安慰和鼓励，帮助他宣泄不良情绪。

细心体察是关心照顾的前提，只有对丈夫关心的妻子才愿意细心体察。细心体察包括生理和心理两个方面。在生活上，要了解和尊重丈夫在衣食住行上的习惯和爱好。做饭时不能仅做自己爱吃的东西，要注意照顾到丈夫的口味。对丈夫的兴趣爱好，只要是正当的，就不要因为自己不喜好而横加干涉。很多男人都不爱逛商超，但碍于妻子的情面又不得不勉强陪同。此时，还不如干脆让他待在家里，做他愿意做的事。

婚姻的稳定性不仅有赖于物质需求的满足，而且有赖于情感——心理的需求是否得到满足。丈夫的身心健康是妻子的一种幸福，因此，妻子在细心体察的基础上要尽可能地满足丈夫生理和心理上的需求。如果丈夫是一个成就感很强的男人，那么就不要计较他家务活儿干了多少，而应对他事业的成功表示由衷的祝贺和敬佩，使他的自尊心得到应有的满足。

男女之间的各种差异是客观存在的，因此，绝不要企图把丈夫“改造”成和自己一模一样的，也不要企图让丈夫什么事都顺着自己。如果真想得到永久的幸福，就去细心体察你的丈夫，尊重他的个性发展，满足他的正当需求，这才是一个聪明贤惠的妻子所应努力做到的。

施展你的温柔

温柔，是上天赐给女人的特有的魅力。

尽管随着时代的发展，男子在择偶条件上有了诸多变化，但是“温柔、体贴”仍是多数男性理想中的妻子所应具备的特质。

温柔的女性心地善良、善解人意，对丈夫格外体贴和关心。她们从不专横跋扈、颐指气使，对丈夫的生理需求尽量满足，绝不用性惩罚来教训丈夫；她们了解丈夫的喜好，对其衣食住行关心备至；在经济上不独揽大权，而是互相商量；对公婆十分孝顺，从不限制丈夫与外界的正常交往。

温柔的女性还特别注意丈夫的心理需求。她们懂得，虽然一般来说男子比女子更刚毅、更坚强，但男子也有脆弱的时候，而且往往不易被察觉。因此，她们对丈夫情绪的变化观察得十分细心，即使丈夫不说，也能从微小的变化中发现问题，及时询问和安慰，帮助丈夫宣泄不良情绪，以免影响他的身体健康。同时鼓励丈夫，让他战胜挫折，重新恢复自信，更加乐观地对待生活。

按理说，温柔是女人的天性，但并不是所有的女人都温柔。有的女人凶神恶煞，把丈夫当作“出气筒”，动不动就大发雷霆；有的女人心胸狭窄，醋劲儿太大，不许丈夫与其他任何女人接触；有的女人倚仗着自己的某些优势（或有钱，或有权）而轻视丈夫，态度傲慢、蛮不讲理，甚至当着外人的面奚落、讽刺；还有的女人以自我为中心，把结婚当作对丈夫的恩赐，视丈夫为奴隶：钱要多挣，活要多干，稍不顺心就以“离婚”相要挟。

这些女人之所以不温柔，除了性格、个人修养方面的原因外，还有品质和道德方面的原因。可见，温柔是外在的表现，却体现了一个女人的内心世界，只有善良、宽容的女人才有发自内心的温柔。所以要想使自己成为温柔的女人，绝不能只做表面文章，而要在自身修养上多下功夫。

现在人们对温柔的理解还有不少误区。

一是把温柔等同于撒娇，使许多女孩说起话来嗲声嗲气。本来，适当和适时的撒娇是女人的可爱之处，但是不分场合地一味撒娇却是缺乏独立性的表现。

二是把温柔等同于无条件服从。虽说温柔是女性的传统美德，但必须随着时代的进步去其封建性的糟粕。温柔绝不是低三下四、逆来顺受，新时代的女性必须有自己的主见，必须自尊、自立、自信、自强，而这些与温柔并不矛盾。

三是误认为事业有成的“女强人”缺少温柔。在有些男人眼里，“女强人”个个感情粗糙，脾气古怪，缺少生活情趣。其实不然，许多“女强人”尽管在工作中雷厉风行，但她们的内心世界却十分丰富，同样具有温柔的天性。由于自立，使她们更少了依赖性，更能体会男人创业的艰辛，因此，对男人的爱也更深沉，给予的关心也更明显。现在很多有能力的女性并不把事业与家庭对立起来，她们认为只有协调好工作与生活的关系才是完整的对成功的定义。

国外曾有人做过这样一项调查，即丈夫在家中最渴望的是什么？出乎人们意料的是：并不是豪华的住宅、高档的家具和新式的汽车以及设备齐全的汽车房，而是平静、和谐、温馨的家庭氛围。的确，在日益紧张的社会竞争中，忙碌了一天之后，人们多么渴望回到自己的爱巢，在平和安定的环境里来解除身心的疲劳啊。新婚的妻子要使自己尽量成为这个美好环境的创造者和设计师。

温柔是以男女平等为前提，以真挚的爱情为基石的。温柔不仅能使丈夫愉悦，也会使妻子更加美丽，因为心地善良、温柔贤淑、乐观豁达恰恰也是养成女性美好容颜的最重要的心理因素。

保持你的魅力

好妻子是魅力无穷的，她不仅能征服男人、赢得爱情，而且有能力建立起幸福持久的婚姻。

魅力是一个人外在美和内在美的综合体现，它既包括容貌、服饰、举止和仪表，也包括人品、性情、气质和修养。

婚前的女人特别注意施展自身的魅力，她们以年轻的容貌、端庄的仪表、优雅的姿态和优美的服饰来吸引异性。而婚后则不然，很多女人对此逐步松懈，或衣冠不整，或面容憔悴，或谈吐粗俗，或举止失态。尽管她们内心的爱情之火仍然旺盛，但邋遢的外表极易引起丈夫的不解，他们搞不懂，自己当初看上的那个美貌、整洁、温柔的女孩哪里去了。

魅力与爱情紧密相连，要想永葆幸福美满的婚姻，就必须注意永葆自身的魅力。

首先，要继续保持身体的健康和清洁。虽然漂亮是天生的，是无法选择的，但是美却可以通过努力在很多人身上实现。例如，健康的肌肤、健美的体形、端庄的容貌、优美的姿态等可以经过后天的训练而改变。健康是美的基础，一个人若是身体虚弱、面色枯黄、无精打采，那么再怎么化妆也无法掩饰她的病态。婚后的生活不再像热恋时那样浪漫和无忧无虑，它被繁忙的工作和琐碎的家务填塞，最易引起女人的烦躁和疲劳。因此，要保持身心健康就必须心胸开阔、劳逸结合，要尽可能地处理好工作和家务的矛盾，学点儿家政学，科学地做好家务管理。要忙里偷闲，有意识地安排出文体娱乐的时间。要注重饮食营养，保证充足的睡眠，千万不要为一点儿小事就放不下、想不开。要养成良好的卫生习惯，选择适合自己肌肤的化妆品和洗涤用品。要搞好邻里间及与其他人的人际关系，保持心情的舒畅。有人说30岁以前的容貌是父母给的，30岁以后的则是自己长的。只有好心情才能带来好容貌，一个聪明的女人是不会忽略这一点的。

其次，要继续重视对自己的“包装”。俗话说，人靠衣装马靠鞍。衣饰得体也是女人保持魅力的重要方面。有的女人因婚后忙于家务而变得衣冠不整，不再像婚前那样注意修饰，这样是不利于吸引丈夫的注意力的。做妻子的要尽可能地使自己容光焕发、充满朝气，但绝不要不顾自己家庭的经济实力，一味去追求时髦。衣饰的得体与否与每个人的年龄、体形、职业和气质有关，要根据自己的个性特点，选择适当的发型和衣饰。一般来说，色泽明快、线条简洁、自然适宜的打扮往往能让人感到舒适、亲切和不做作，而那些过于烦琐和华丽的服饰有时反倒让人感到俗气。此外要注意服饰与环境的协调，严肃庄重的场合切不可穿过于暴露的服装，轻松愉快的聚会也不要穿得过于拘谨。另外，在家里的穿着也不要过于随便，合身得体的内衣更能显示女性的魅力。

最后，要继续保持女性的魅力更要不断加强自身的修养，丰富自己的精神世界，因为这是保证一个女人善良温柔、乐观向上的内在动力。有的人独具魅力，并非由于她的容貌特别漂亮，衣饰特别华丽，而是气质特别高雅，所以格外引人注目。有的女人也非常想让自己的气质高贵，虽然她披金戴银，但态度傲慢、谈吐粗俗，反倒更令人反感。气质的好坏取决于修养的高低，而提高自身的修养却不是一朝一夕的事。只有勤奋学习、努力工作、积极上进、乐观生活，才能获得成就感，赢得他人的尊重。特别是在新时代，聪明、勇敢、个性鲜明、富有进取心的女人将比传统女性更具有魅力。

在保持魅力中还要特别注意发挥自己的优势，正像世界上没有两片完全相同的树叶一样，世界上的女人也各不相同。要扬长避短，千万不要“邯郸学步”，把自己最本色、最美好的东西都给丢掉了。

▶ 宁静港湾

蜜月期的心理调适

热烈喜庆的婚礼一结束，小夫妻就正式进入甜蜜而又温馨的婚姻生活了，他们朝夕相处，把恋爱时的甜蜜推向高潮。

短短一个月的蜜月期是恋爱与婚姻之间的过渡，它既保留着恋爱期甜“蜜”的特点，又与之有明显的不同。

第一，生活由浪漫开始走向平实。恋爱时的男女双方尽管去约会、去玩耍，根本用不着操心柴米油盐。即使是逛商超，也多半是为对方选购礼品，或者干脆就是逛着玩儿。而婚后则不然，原本由父母操心的事全都落到了自己头上，在父母手里显得那么不起眼儿的家务活儿现在变得如此沉重和烦琐。每天要买菜、做饭、洗衣、收拾房间，东西坏了要找地方修理。过去父母身边的宝贝儿子、宝贝女儿要独立经营一个家谈何容易。逐渐平实和单调的生活极易使人烦躁，再加上年轻人本来火气就大，所以弄不好就会产生矛盾。

第二，对对方的了解由肤浅走向深入。恋爱时，无论通过什么渠道，无论有过多少直接接触，对对方的了解也是比较肤浅的。这是因为一方面，为了赢得对方的好感，都各自或多或少地做了一些掩饰和修饰，很多东西没有机会暴露；另一方面，矛盾只有通过具体的事情才能表现出来，恋爱时除了甜蜜就是浪漫，就算是偶尔发生口角，也会在回避或者克制中得到自然的化解。而婚后就完全不同了，在实实在在的生活中有许多事情不能回避，如果处理方法不同，再加上不能克制，也极易产生矛盾。还有就是双方的真实性情暴露无遗。恋爱时脾气再坏的人也会变得相对温柔，而婚后，原有的任性、骄横、粗野、冷酷甚至残暴的性情都会逐渐显露，当温情脉脉的面纱被揭掉之后，一旦发生冲突就很难很快平息。

由此可见，蜜月期与恋爱期不同，它既是甜蜜的，又是陌生的和容易产生矛盾的，作为整个婚姻旅途中的起始阶段，它短暂而又特殊。而搞好蜜月期的心理调适，则是保证婚姻美好幸福的良好开端，因为一个好的开头就等于成功了一半。

第一，要在心理上对婚后的生活早有准备。古人说，“凡事预则立，不预则废”，婚姻也是如此。不要天真地认为婚后的生活会永远像恋爱时那样浪漫，要准备过平实、单调而烦琐的生活。

第二，矛盾是不可避免的，特别是从两个不同家庭走出来的男女结合而成的新家庭，不可避免地在诸如生活习惯等各方面有不一致的情况。一旦发生矛盾，不要轻易指责对方，说对方骗了自己；更不要耍小性子，动不动就闹离婚。要冷静和克制，双方都各自退一步、让一让，使两个咬合得还比较吃力的新齿轮尽快磨合好。

第三，当对对方的性情有了进一步的了解后，即使发现与恋爱时有较大差距，也不要光吃“后悔药”。只要无碍大局，最好不要急于排斥，而是冷静接受，然后慢慢调适。

第四，要合理分工，主动承担家务劳动。过去不会做的要努力学着做，双方都不要有依赖心理和畏难情绪，家务事儿看似是小事，但处理得不好就会影响婚姻大事，新婚夫妻千万不要忽视。

每对新婚夫妻的情况都不尽相同，因此在心理调适方面也要有所侧重。其中最关键的是在思考问题、处理问题时把“我”变成“我们”。学会从对方的角度想问题是二人世界中不可回避的一道难题，谁把这道题解得最快、最好，谁的婚姻也就最容易成功。

沟通的艺术

如果说婚姻的成功与否取决于夫妻之间沟通程度的深浅，也许很多人不以为然。他们说，成天吃在一起，住在一起，还有什么沟通不沟通的问题。而婚姻专家则认为，夫妻间的沟通至关重要。

人区别于动物的最重要的特征之一就是人具有思想和感情，思想和感情必须通过交流才能起作用。沟通是连接夫妻间感情的桥梁，它不仅在婚前需要，而且在婚后更需要。许多夫妻生活得不美满或者造成离异的原因就是：不屑于沟通，不善于沟通，互相之间越来越没有话说，最后同床异梦以致分道扬镳。

沟通也是一门艺术。怎样沟通?

第一，夫妻俩要开诚布公、互诉心曲。共同的生活带来了共同的利益，因此双方在沟通时以开诚布公的态度为最好。不要羞羞答答，也不要藏着掖着，话说了一半又咽回去，让对方丈二和尚摸不着头脑。这一点做妻子的要特别注意，因为大多数男人都讨厌拐弯抹角，喜欢坦率和直截了当。千万不要“犹抱琵琶半遮面”，让对方猜来猜去。开诚布公可以及时消除误会，少生疑心，避免和减少矛盾的产生。所以夫妻间除了极少量必要的隐私外，大多数问题都可以用开诚布公的态度解决。

第二，要态度诚恳、相互商量。夫妻间最忌“一言堂”，只要不是遇到了紧急情况，家里的事就要互相商量。一次不成，还可以两次，最好能达到双方都满意的程度。有的人倚仗着自己的某些优势，在家里总爱一个人说了算，不能平等地对待对方，不给对方说话的机会，有时候名曰商量，却根本听不进不同意见，而是内心主意已定，不管对方同意不同意也必须点头。在家庭里，不管是“大男子主义”的丈夫一人说了算，还是“妻管严”式的妻子一人说了算，都是不可取的。

第三，要态度平和、语气委婉。对于大多数夫妻来说，态度平和、语气委婉才能达到沟通的最佳效果。说话时不要刻薄，特别是当着外人的面要给对方留面子；批评对方时，要就事论事而不要絮絮叨叨没完没了，遇事要用商量而不是命令的语气。总之，要多赞扬少批评，从积极的角度肯定对方。

第四，要随时随地及时交流。即使是在日复一日平平常常的夫妻生活中，也会有让人激动的时刻。此时千万不要错过机会，要及时袒露自己的心情。不要觉得反正已经是夫妻了，还总是说“好呀”“爱呀”的词语没有必要。其实，婚后的夫妻仍然需要对方的夸奖和赞美，例如，妻子今天打扮得特别漂亮，当丈夫的就应及时来一句“你真漂亮”，而不是无动于衷、麻木冷漠。若丈夫有件事干得很成功，做妻子的也应说一句“太棒了”，以表示自己的欣喜和钦佩之情。有的人恰恰相反，生气时话来得倒挺快，而应该高兴的时候反倒没词了，使双方的沟通越来越消极，越来越觉得被对方瞧不起。

第五，批评时要就事论事，说完即可。完全不发生矛盾和冲突的家庭是没有的，关键在于怎样解决矛盾和冲突。发生矛盾和冲突时要很快冷静下来，至少有一方不要意气用事。批评对方时要就事论事，不要揭疮疤、翻旧账，批评完了就打住，要给对方改正的时间和机会，不要耿耿于怀、没完没了。夫妻间没有根本的利害冲突，因此用不着争个你死我活、你高我低，倒是那种及时刹车、得理也让人的态度更能让对方心服口服。

人们常说“爱是理解的别名”，理解的程度与婚后生活的满意度成正比，而沟通则是理解的手段。沟通的艺术绝不仅限于上面五点，新婚的夫妻有了很多的便利条件，只要他们愿意沟通、善于沟通，就一定能够创造出更多的适合自己家庭的沟通方式，也就一定能够获得幸福美满的婚姻。

爱情更新的秘诀

结婚本应是恋爱的继续，是爱情的升华，但在有些人眼里，婚姻却成了爱情的坟墓，何以如此？就是因为爱情在婚后未能得到时时更新和保鲜。

鲁迅先生说：“爱情必须时时更新，生长，创造。”那么，爱情更新的秘诀是什么？

第一，要明确认识到：结婚只是爱情的第一次“高潮”，它绝不意味着爱情将逐渐衰败并走向坟墓，更大更甜的爱情之果还在后面。新婚夫妻要继续创造新的爱情才能巩固和升华原有的爱情。婚后的男女都会有一些新的变化，是越变越可爱，还是越变越让人扫兴，这就要看每个人对自己的要求和约束了。夫妻俩都应让自己恋爱时的魅力保持得更多一些，发扬得更好一些，而不是开始放纵自己的坏毛病。同时还要让自己的个性和优势尽情发挥，因为缺少个性就是缺少活力，而缺少活力的生活必然平淡和乏味。如果一对夫妇在生活中都缺少个性，缺少活力和魅力，那么其婚姻的前景多半不妙。

第二，在工作和事业上要有所追求。家庭是社会的一个细胞，它的生存与发展和整个社会息息相关。如果一个人长期囿于家庭生活的小圈子，必然信息不通、目光短浅，缺乏生活的动力和信心。因此，新婚夫妇千万不要因为沉溺于小家庭的甜蜜之中而忽略了事业的发展，特别是共同发展。最危险的是夫妇中有一方能够跟上时代的步伐，努力工作不断进步，而另一方则由于各种主客观原因而消极停滞、不思进取。时间一长，双方在人生观、价值观等方面的差距就会越来越大，从开始的话不投机到最后的无话可谈、同床异梦、形同路人，不分道扬镳就算好的了，哪里还谈得上升华爱情。再有，适度紧张的工作还能减少生活中过多的摩擦，避免许多不必要的矛盾。

第三，要加强沟通，深入了解。婚后给夫妻提供了更多的机会，使双方能够更进一步增强了解。而有些人虽同住一个屋檐下，却很少沟通。有的人认为没有必要；有的人觉得没什么好谈的；有的人干脆找外人出主意、想办法，有了心事也爱找外人倾诉。其实夫妻双方是最好的交流伙伴，他们有共同的利益、共同的情感。如果夫妻间长期没有沟通和交流就会淡化感情，因为联络夫妻情感的除了物质生活还有精神生活。特别是做丈夫的，千万不要一下班就埋头于电视和网络中而懒得与妻子交谈，可以利用洗菜、做饭的机会，共同动手，边干活儿边交流一天的见闻和感受。工作中有了什么困难或忧虑也应及时向对方倾诉，以获得安慰和鼓励，使夫妻在生活的风浪中共担风险，共分忧愁，共享欢乐。

第四，丰富家庭生活内容。婚后的生活会逐渐趋于平淡而不再浪漫，容易使人厌烦，因此夫妻俩要共同丰富家庭生活内容，提高家庭生活情趣。例如，发展个人爱好、请亲朋好友聚会、到野外郊游娱乐、听音乐会等，可因地制宜、因人而异，只要是正当的、高尚的内容就可以。有的家庭生活十分单调，上班下班、洗衣做饭，日复一日，缺少新鲜和活力，极易使人感到生活没有意思，又何谈爱情的更新和创造。

第五，重新认识和发现对方。世界是变化的，每个人也是如此。要善于发现对方新的能力和优势。婚后的夫妻只要善于观察，就能够发现很多在恋爱时没有发现的东西，由进一步的了解而加深双方的感情。不要熟视无睹，也不要习以为常，好像早就把对方看得很彻底一样。其实不然，太阳每天落下又升起，但每天又都与前一天的不一样，重要的是善于观察和发现。当你总能从对方身上不断发现新的东西时，还会感到生活的乏味和爱情的陈旧吗?

爱情的更新、发展和创造要靠夫妻两人的共同努力。世上无难事，只怕有心人，只要用心去做，爱情的脚步就会永不停歇。

▶ 婚姻红灯

当夫妻第一次发生争吵

新婚不久，情意绵绵的夫妻在第一次发生争吵时，也许双方都会感到震惊和沮丧。其实，争吵是夫妻生活中的正常现象。

新婚夫妻虽然经过了恋爱阶段的了解，但毕竟没有天天在一起生活过，有的矛盾和冲突在恋爱期不会发生，在婚后却很容易发生。双方的个人生活方式，包括经济生活方式、文化生活方式、个人的生活习惯等都存在差异，加之不同的家庭生活环境可能带来的家庭生活方式的不同，都可能引起夫妻冲突。所以，当第一次争吵发生时，双方都应持冷静的态度，以坦然的心境接受夫妻生活中的第一次冲突。有的夫妻会把第一次吵架看得很严重，甚至怀疑自己的选择是否正确，或者对婚姻产生悲观情绪。这是完全没必要的。任何夫妻都可能发生争吵，争吵并不能说明夫妻之间的感情有什么问题，而那些不争吵的夫妻也并非都是很美满的，有的恰恰潜伏着严重的危机。

当争吵发生时，如果双方都能遵循争吵的原则，那争吵未尝不是一种特殊的交流方式。争吵的原则之一是就事论事。如果借题发挥，翻陈年旧账，会使争吵的范围无限地扩大，使原本很小的冲突演变成一场真正的战争。就事论事的争吵可能使双方的观点完全地表达出来，可以达到相互了解的目的，使争吵真正成为一种交流的方式。原则之二是避免上纲上线。有时争吵的导火线是一桩不足挂齿的小事，而一方却从这件小事推理，用上纲上线的词语，比如“你心里没有我”“你太自私了”等来指责对方。对方自然难以接受，如果以牙还牙，争吵便成为毫无意义的相互指责。原则之三是在争吵中避免使用谩骂和侮辱性的语言。出言不逊会严重地伤害对方的自尊，也会破坏自己在对方心目中的美好印象。这样做只会贬低人格，而绝不会因此而赢得什么。原则之四是避免输赢之争。争吵到一定程度，彼此也差不多了解了对方的意图，应该说争吵的目的已经达到，此时本该及时地结束争吵，有的夫妻却因好胜心太强，非要对方甘拜下风才善罢甘休。这样常常难熄战火，双方唇枪舌剑，疲惫不堪，输赢的结果反而没有实际的意义。因为夫妻关系不是简单的一加一，表面的输赢并不能显示实际的结果。

无论什么样的争吵，无论是否遵循原则，争吵都会给双方带来一些不快。所以，在争吵之后，彼此都应做一些自我批评，给对方以适度的安抚，避免在以后的生活中留下阴影。第一次争吵发生之后，夫妻俩可以根据双方性格和家庭实际情况，制订几条争吵规则，双方共同遵守，以免使争吵伤及夫妻感情。

最后要说的是，当第一次争吵发生之后，切忌：第一，扩大事态，添油加醋地向双方家长告状，引致配偶的反感，重燃战火；第二，争吵过后不要反复提及，以免徒生烦恼。

无端猜疑是大忌

在夫妻关系中，无端地猜测，怀疑配偶对自己不忠实，继而捕风捉影，甚至闹得满城风雨，是对夫妻感情的严重损毁，是夫妻相处时的大忌。

无端猜疑的根源不外乎以下几个方面。

①出于嫉妒。嫉妒是一种缺乏安全感、害怕失去对方的爱的恐惧，而本质上是不自信的表现。嫉妒的一方往往在个人条件，比如外貌、文化水平、收入等方面低于配偶，内心深处有一种自卑意识，对自己缺乏自信，因而非常害怕配偶移情别恋，对配偶的一举一动均保持高度的警惕。一旦发现什么蛛丝马迹，便会醋意大发，盘查追问，大动干戈。

②占有心理。有的人因受传统文化和个人修养、生活经历的影响，形成对配偶极强的占有欲。这种占有欲使得他们非常在意配偶和异性的交往。这类人的感情付出也是真的，但他们对配偶的交往限制十分严格，因而常常造成夫妻关系的紧张。

③主观臆断。有的人性格十分固执、武断，对他认可的一切事情都坚信不疑。这类人善于以局部推断整体，而且不易相信别人的解释，所以容易见风就是雨，由猜疑而臆断，造成毫无根据的“冤案”。

④缺乏沟通。夫妻之间缺乏深度的了解和及时的沟通，彼此没有建立起足够的信任，容易对对方的行为产生怀疑。

无论何种原因产生的猜疑，都会对夫妻关系造成危害。猜疑者整天疑神疑鬼，精神处于紧张状态，被猜疑的一方感觉自己时时受审视甚至被监视，尊严受到侵犯，自由遭到干扰，夫妻之间自然难以心平气和，难免爆发战争。这种看似因为爱而起的猜疑，实则是将爱人视为“爱的囚徒”，结果只能导致爱人的厌烦、痛恨。最初也许他（她）能向对方解释，久而久之，他（她）便会感到对方的不可理喻，他（她）无法从对方那里获得信任，也无法和多疑的人交流感情，失去平衡的心理也许渐渐向外倾斜，最终真的寻求起婚外恋也未可知。狭隘的猜疑者也许尚不明白，正是自己一手毁掉了他（她）最怕失去的爱。

所以，无端地猜疑配偶的不忠，毫无理由地限制配偶和异性的交往，是极不明智的有害的行为，它只能导致夫妻感情的隔阂，而不能阻止婚外情的发生。理智的做法是加强夫妻之间的交流，了解和把握对方的情感脉搏，达到相互信任。占有心理强和善妒的人要学会控制自己的情绪，真有疑虑，也要向对方心平气和地说出来，如果对方给了令人信服的解释，以后便不应再提。只有沟通、信任和心胸开阔，才能从根本上消除猜疑之源，建立真诚的、包容的夫妻关系。

丈夫有了婚外情

丈夫有了婚外情，是任何妻子都不愿意接受而又不得不面对的事实。在这种突然的变故面前，缺乏思想准备的妻子会痛苦异常、伤心欲绝。情感受到伤害，自尊受到打击，孤立无援的感觉会深深地攫住你。但此时此刻，你只能依靠自己的力量来解决这一严重的情感危机。持什么样的态度，采取什么样的方法，直接关系到夫妻能否顺利地渡过险滩，家庭能否保全，倾覆的爱情大厦是否能够重建。

一个妻子要面对丈夫移情别恋的事实，的确令人难以承受，愤怒和委屈都是正常的情感。然而，不顾一切地发泄却无助于问题的解决，大吵大闹或搞得满城风雨，反而会使丈夫失掉对你仅存的爱恋，或不再为他的行为感到愧疚。这对你非常不利。不管事情发展的结局如何，妻子首要的态度都是冷静和理智。在情感的风暴中冷静下来，全面地考察你们的夫妻关系，检视你们的婚姻基础是否牢固。在发生这样的事之后，你的丈夫是否值得你争取，你的婚姻是否应该去挽救，如果答案是否定的，那么一切都简单得多。

但是，如果答案是肯定的，那么，你再认真地思考这样的问题：丈夫发生这样的事，是否有你们夫妻交流太少、情感疏离的因素在内；是否你在某些方面做得不够妥当，令丈夫反感甚而生厌；是否你近来对丈夫关心太少而使他转而寻求别的安慰。在这种时刻，做这样的反省无疑是痛苦的，然而又是必要的。只有找出原因，你才有可能采取相应的办法来解决这场危机。接下来你要重拾遭受打击的自信，想想对你有利的因素，如你的丈夫对你的爱还没完全消失，你的孩子紧紧地牵扯着他父亲的心，你在许多方面比那个女人更具优势，也许你丈夫只是一时的情感迷离，你可以把他拉回来，重建你们的幸福。

有了这样的心理基础，你在言行上就会理智得多。你可以找一个彼此都心平气和的时候，和他冷静地谈一谈这件事。告诉他你的感受，适度地宣泄你的愤怒、痛苦和委屈，让他明白他这样做对你是一种很深的伤害，但你很看重你和他的感情，同时为了孩子，你并不想拆散这个家，希望他能认真地考虑一下，妥善地处理他的感情问题，重新回到这个家里来。你也可以适当地检讨一下自己在某些方面的疏忽，并表示你愿意为改善你们的关系付出努力。一个移情别恋的丈夫或多或少都会对妻子和孩子心存内疚，你这样的宽容大度和善解人意也许会使他深受感动。倘若如此，你的第一步目的已经达到。

接下来你要有足够的耐心等待丈夫的回心转意。人的情感的建立和冷却都需要时间，所以你不能急躁。在这段时间里，对丈夫的态度可以不卑不亢，保持适度的沉默，沉默是一种无形的压力，可以让他不自觉地进行自我反省，同时还需要给他必要的关怀。如果自己曾经很忽略丈夫或不够温柔，那么，表现得热情和温柔一些，可以让他感觉到他的妻子的确很贤惠、很温柔，他的家庭很温暖，这样他的感情天平便会又向妻子这边倾斜一些。当然，这样做对妻子来说也许很委屈，但是为了挽救婚姻，付出这样的努力还是值得的。

如果经过一段时间，你的努力有了成效，丈夫满怀愧疚地回到了你的身边，你们的婚姻危机暂时解除了，此时，你首先要严肃地提醒他：你可以原谅他这一次的过错，以后绝不姑息。尽管如此，你在内心深处必须意识到，危机的解除并不意味着它不会再发生，而且，经历这样的一次情感冲突后，彼此在许多方面都需要调整和修补，要恢复以往那种亲密的感情，重建彼此的信任并非易事。双方仍需时时为更新夫妻关系作出努力。

PART 4

优生篇

▶ 做好孕前准备

孕前需要做哪些准备

对于孕前准备的时间没有绝对的限制，养成良好的生活习惯就是已经在做孕前的准备了。但孕前体检最好安排在孕前的3～6个月。

（1）心理准备

生儿育女是女性的天职，是每一个女性从为人之妻转变成为人之母的过程。作为一个心智成熟的女性，这一转变应该是随着年龄的增长和社会经验的积累自然而然完成的。首先就是责任感的形成，做好准备为人之母，为养育和培育即将出生的宝宝做好心理准备，做好家庭角色的转换。

同时，夫妻双方都应该了解与学习科学生育相关知识，了解受孕的过程，知道如何受孕，女性应该熟知自己的生理周期，还要掌握一些育儿技能、知识，懂得如何防范环境伤害，因为当一个人对即将到来的事件一无所知时，必然会产生无以应对的恐惧心理。

专家观点

对于即将到来的新生命，应该满怀喜悦之情，并将这种喜悦体现到平日的生活之中，夫妻恩爱，保持良好的夫妻感情尤为重要。抛弃各种烦恼，保持充足的睡眠和规律的生活对精神状态大有益处。

（2）生理准备

从生理健康角度来说，妊娠前的身体状况很重要，要做基础体格检查，了解身体重要脏器的功能。特别是当今社会，人们生活条件优越，饮食无忧，但工作的压力却是有增无减，肥胖及代谢异常很是多见，孕前更应关注潜在糖尿病及甲状腺功能异常的检出。另外还需注意心脏、肝脏、肺脏及内分泌系统的功能状态，并进行血型测定，了解体内是否存在潜在感染，以防止传染性疾病的发生，如肝炎等传染病，检查是否有风疹病毒感染、巨细胞病毒感染、弓形虫感染、疱疹病毒感染以及支原体和衣原体的感染等，因为全身性疾病往往会直接影响母婴的健康。

对于患有月经不调，体形肥胖及不易受孕的女性朋友，还应进行生殖功能及器官的检查，这些检查包括：生殖器官发育及形态、生殖功能的检查、是否有生殖系统炎症和宫颈人乳头瘤病毒感染，必要时还需要进行女性内分泌激素水平的检查。

调整营养状况，纠正不良饮食习惯，尤其是过胖或过瘦者，千万不要剑走偏锋，很多朋友认为某种食品营养价值高，结果就是只吃或多吃这一种食品，这是完全错误的。要注意饮食结构的合理，要为身体提供多种多样的营养素，如蛋白质、不饱和脂肪酸、各种维生素、膳食纤维、矿物质、充足的水及适量碳水化合物。应该坚持每日适量运动，坚持有规律的生活和足够的睡眠，以保持良好的体力和充沛的精神。注意躲避环境中可能的有害物质，如物理、化学、生物等因素对身体的伤害。这样做不仅有助于提高生殖功能和受孕能力，还能促进胎儿的正常发育。

纠正不良生活习惯，如吸烟、饮酒、熬夜、饮食无度、过度劳累、不讲卫生等，这些都会导致抵抗力下降，让细菌和病毒乘虚而入，直接威胁孕妇和宝宝的健康。此外，要防止带病妊娠，有些人从不去医院检查身体，有病不就医，在身体患病时妊娠，往往会造成不可挽回的后果，令人十分痛心。

保护好精子和卵子

近年的相关统计显示，我国先天出生缺陷率达35%左右，而且多数都是出生于健康夫妇的家庭。科学研究告诉我们，预防出生缺陷儿需从保护精子和卵子做起，这也关系到千家万户的幸福。

精子和卵子是人类的生殖细胞，而小小的生殖细胞携带着下一代生命发育的全部信息，也就是我们常说的遗传基因。小小的精、卵的结合就意味着一个个体生命的开始，对生命的呵护其实在这一刻之前就已经开始了。

科学研究发现，男性的精子从发育成熟到衰亡可以在体内生存50天左右，甚至可以活到70天。现代社会中，男性参与的生产及社会活动比女性要多，因此，容易受到的伤害也多，比如过劳、生活不规律、吸烟、饮酒、炎症及物理化学的作用，都会使精子的数量及活动能力下降，以致死亡，还会出现畸形精子，如双头、双尾和无尾等。体检时对精液分析的描述往往只包括精子数量、活动率，并将精子分成质量等级，但这些仅是精子的表面现象，而精子所携带的遗传基因正常与否如不做特殊的分子检测是检查不出来的。精子质量下降不仅会造成女性不孕和流产，也会使受精卵的质量受到影响，遗传基因的突变会造成下一代的遗传病。

由于女性的卵子每个月经周期仅成熟一个，所以，受精时是别无选择的。另外，女性的卵子随着女性的出生就已经存在于女性的身体中了，所以受到伤害的机会也更多，卵子更加珍贵，更需要加以呵护。

那么，怎样才能保护好精子和卵子呢?

（1）建立规律的、积极向上的生活方式

按时进食、按时起居、适度锻炼、平衡膳食营养，消除亚健康，以提高自身抗病能力。

（2）科学面对生儿育女

要相信自己的生育能力，不要迷信伪科学，不要用别人的遭遇来吓唬自己。临床上真正发生的异常生育比例是很低的，一些不良生育是由于我们的焦虑造成的，所以，尽管生儿育女事关重大，但只要我们利用科学的方法妊娠，健康生育是完全可以做到的。

（3）避免环境伤害

①微生物伤害。防止细菌和病毒的侵袭，如女性生殖道的炎症、日常生活中常常发生的上呼吸道感染、牙龈炎、病毒性感染、细菌性感染及动物带来的弓形虫感染等。

②物理因素伤害。如放射线、电磁波、微波等。日渐使用频繁的各种家用电器，特别是几乎人人都离不开的计算机、手机、电视、鼠标、电扇及微波炉等，它们对生育影响到底有多大，我们无法确定，但目前的观点是，尽管大多数电器设备是较为安全的，但备孕夫妻还是要适当使用，保持适当距离，孕前适当防护。

③化学因素伤害。最常见的就是各种药物。药物的种类很多，用药的方法也不一致，用药量有多有少，用药与受孕的时间关系密切，这些都是造成胚胎伤害的相关因素，我们该如何应对呢？

孕前慎用各种药物，千万不要自行服药。

慢性病治疗期间准备受孕，一定要咨询医生，调整用药。

患急性病，如高热、外伤、被动物咬伤等紧急情况时要坚持治疗，不能耽搁，之后咨询医生，听从医生的指导。

专家观点

在有些工作中一些人会接触化学物品，如化学实验和家庭装修等，生活中吸烟、饮酒甚至吸毒也会接触化学物品，特别是挥发性大、味道大的化学物质被人体吸收后都有可能伤及生殖细胞，所以孕前一定要避免接触，并且要戒烟、戒酒。

（4）孕前体检不能少

目的是查出潜在的、隐性的有可能影响生育或伤害胚胎的疾患。一般孕前3～6个月要做一次基础全身体检，包括心、肺、肝、肾、传染病、血生化及血尿常规检查，必要时男性做精液分析，女性要做全面的妇科检查。还有ABO血型和RH血型检查、病毒抗体（TORCH）系列检查、宫颈防癌检查，必要时查生殖功能、女性内分泌及夫妇双方的染色体。

（5）孕前防护措施提示

防护措施一定要从孕前开始，因为受精前的精卵细胞对外界伤害最敏感。临床上常见的早期流产多是因受精前后发生的伤害造成的，而宝宝的异常往往也是在受孕的早期，甚至受精前就已经存在了。

①家庭或工作场所的装修材质要选择环保、质量合格产品。

②戒烟、少酒至少从孕前3个月开始。

③孕前尽量避免在有强烈异味、刺鼻、刺眼的环境中停留过长的时间。

④非必要不做放射线检查。

⑤尽量停止服用化学药物。

⑥不接触传染病患者。

⑦饮食清洁无污染，腌熏、来源不明的食物尽量不吃。

选择最佳受孕年龄

从生理和生物学角度看，女性在15～44岁具有生育能力，但最佳生育年龄是24～29岁。在极限年龄生育，对女性身体及宝宝的健康都不利，生育的失败率会增加，后代畸形率会增加，女性生育风险会增加，妊娠并发症及妇科疾病的发生率也会增加。所以，选择最佳生育年龄十分必要。

从优生学的角度看，最佳生育年龄应该具备以下几个因素。

（1）生理生殖机能最佳期

我们的生殖系统就好比一台不停运转的精密仪器，经过发育成熟的磨合期，各个部件才能进入良性运转，从而完成生育的使命。随着年龄的增长，生殖器官的功能就会逐渐老化，生殖器官是有生命周期的。

女性在24～29岁时，生殖器官的机能处于巅峰时期，生育的成功率是最高的，也就是说，女性受孕能力最强，卵子的质量最好，妊娠的成功率相对最高。以后，随着年龄的增长，生殖器官发生故障，卵子质量下降的概率就会增加，这就是为什么一些高龄女性较年轻女性更容易出现生殖失败的原因。

（2）心智年龄成熟期

一般认为夫妻年龄在25岁以后，平均人生阅历和文化水平会逐渐达到一定水平，特别是现代的年轻夫妇，文化素养普遍较高，此时人生经验和阅历会有一定程度的累积，并逐步走入婚姻的殿堂。随着心智的成熟，对家庭产生了责任感，生育的愿望会逐渐增强。这就具备了培养、教育下一代的心智能力。

（3）经济状况具备期

随着心智的成熟，同时经济能力也有了足够的长进，当几方面的条件同时具备时，在哺育宝宝过程中各种矛盾的发生率一定是下降的，这样就能够给宝宝一个相对富足、和谐的家庭环境。

专家观点

当然，由于人与人之间生存环境不同，个体之间一定会有差异，每个人会有自己的最佳受孕年龄。所以，在遵从一般规律的前提下，最佳受孕年龄也是因人而异的。

什么情况下不宜受孕

从优生的角度看，只要存在可能伤害胚胎的因素都不宜妊娠。

那么，在什么情况下受孕会伤害胚胎呢？

①患有感染性疾病时。身体检查出有潜在病毒或细菌感染，如风疹病毒感染期、弓形虫感染期、梅毒活跃期、乙肝活动期等均不宜立即妊娠，需经治疗稳定后再在医生指导下妊娠。

②患病期间正在接受药物治疗，并且所用药物对胎儿毒性较大，如激素类药物、抗病毒类药物。

③周围环境可能存在伤害性物质，如化学物质、放射性物质。

④患有代谢性疾病，如糖尿病未得到很好控制时，甲状腺疾病未得到有效治疗时，免疫功能异常时均不宜近期怀孕，否则会严重威胁到母婴的生命安全。

⑤大量吸烟、饮酒后，身体过度劳累时，需要休整1个月后再受孕。

⑥在毫无准备的情况下意外妊娠。

有人认为受孕要选择季节，认为某些季节不易发生传染性疾病，故适宜怀孕，这种说法是不够科学的。第一，人类的行为、活动完全可以自己掌控，我们在很大程度上有能力主宰自身的健康；第二，如果妊娠人为地受到季节的限制，会使受孕的机会减少，容易增加生殖障碍，人为地造成不孕。

无避孕同房半年却未受孕是患了不孕症吗

许多年轻朋友存在一个认识误区，认为一旦有了性生活，只要不避孕，当月一定能怀孕，而一旦妊娠不成功，就会怀疑自己一定有病。

对于一对健康的夫妇来说，成功妊娠的必备条件较多，哪个环节出现闪失都不能受孕，决定能否正常受孕的因素是方方面面的。单就生殖功能正常的夫妇来说，影响受孕的因素有以下5个。

受孕的第一个因素是同房间隔不宜过频或过疏，以保证有足够量的活力十足的精子进入女性生殖道。同房过于频繁，易造成精子的过度消耗，使精子的总量不足而使受孕率下降；同房过疏，老化的精子和死精子比例过高，也影响受孕。

受孕的第二个因素是要有足够量的健康精子在女性生殖道内生存数日。如果是不健康或亚健康精子，当进入女性生殖道后会很快死亡，就没有足够的机会与卵子相遇。正常健康精子是应该能在女性生殖道存活5～7天的，但有时因为男性朋友的饮酒、吸烟、用药、营养不良及过度劳累等因素，都可能使精子短时间内质量下降而影响受孕。对健康人来说，经过一段时间的休息、调整，精子的总体质量是可以自行恢复的。

受孕的第三个因素是卵子要按时从卵巢排出。处于正常生育期的女性朋友，有时会有排卵障碍，如在做妇科检查时，医生告之有生理性卵巢囊肿时不要紧张，下个月就会好的。这种生理性卵巢囊肿就是一个未正常排出的大卵泡，卵子未排出当然也就不可能受孕了。偶然出现的不排卵多与精神紧张和劳累有关。另外，有时由于精神因素的作用，还会出现额外排卵。

受孕的第四个因素是要选择正确的同房时机。因为卵子一旦排出后只能在体内存活24～48小时，容易受精的时间也就是24小时，在这短短的24小时内，如果没有精子出现也是不会受孕的。

受孕的第五个因素是心理因素，过度紧张、焦虑、急躁都会影响卵子的正常排出。

总之，一个月经周期内受孕的成功率不是100%的，在正常健康状态下的每月成功率大体是20%，当然这个问题也是因人而异的。所以说，在有正常性生活且双方身体完全正常的情况下，也不会保证卵子在每个月经周期生存的24小时内能准确无误地与精子相遇，而精子一旦错过这短短的24小时，这个周期就会宣告受孕失败。从临床经验来看，正常的有性生活的夫妇在一年内能够受孕都是正常现象，大可不必过度担忧。

那么，具有了正常生殖功能如何才能提高受孕率呢?

女性朋友要知道自己的排卵日期，如果你有正常、规律的月经周期，排卵日多在下次月经的前14天，夫妇应尽量选择在排卵前后几天内同房，就像我们常说的精子对卵子要围追堵截，让精子在生殖道中守候卵子的到来。

如果一年未受孕，就应该到医院做体检查找原因了。当然，如果开始想要孩子的年龄已超过35岁，半年未怀上，也可以就诊寻找原因了。

成功受孕的秘密

受孕本是一种自然现象，是人类繁衍的必然。

排卵正常与否既受内分泌系统的调节，也受中枢神经的支配，二者缺一不可。经常有些女性在同房受孕这件事上，操作起来照本宣科，严格按照程序去做，严丝合缝，把本应幸福美好的夫妻生活弄得像科学育种一样，严阵以待，吓得卵子都不敢排出来了，这是由于神经中枢的过度作用影响了激素的分泌。激素分泌异常，卵子不能按时排出，降低了受孕概率。所以夫妻同房最好跟着感觉走，大体算算排卵期就可以了。否则感觉是“按时交作业”而丧失了性爱的兴趣。

正常的受孕过程是这样的，女性每个月经周期只排出一个卵子，而卵子最佳受孕时间也就24小时，也就是说，在这24小时内必须与精子相遇才有可能怀孕。当卵子从卵巢一排出，大约10分钟内就被输卵管的伞端抓进输卵管，在输卵管蠕动的帮助下慢慢向子宫腔内运行，一般精子与卵子就是在输卵管内相遇并受精，形成受精卵后继续向子宫腔内运动的，经过7～8天的时间，受精卵种植于子宫内膜，我们称之为着床。

如何计算并发现排卵呢？女性每个月经周期排卵一次，大约在月经前的14天，以30天月经周期来说，大约是两次月经的中间期，也就是从月经来的第一天算起，第13天就要开始同房了。

专家观点

有相当多的朋友的月经周期不是30天，长则40多天，短则25天，排卵期该如何算呢？我们说只要有一个规律的月经周期，那么下一次月经的日期应该是可以预知的。排卵时间应该在下次月经前的14天。举一个例子：月经周期如果是37天，末次月经的时间是1月1

日，下次应该在2月6日来月经，那么排卵期大概就是1月23日。

除了计算日期以外，排卵前人体是有一些迹象的，也就是身体会告诉你同房受孕的时机。首先，排卵前阴道的分泌物会变得稀薄，且量多，我们常常形容犹如鸡蛋清一样，并且还会有拉丝现象；其次，由于激素的作用，此时期的女性朋友往往性欲有所提高，同房的欲望变得较以往强烈。

丈夫的作用很关键，备孕期的性生活频率建议每3~4天一次，同房次数过多会影响精子的数量，过少会影响精子的质量；和谐甜蜜的性生活可以促进性激素分泌，对受孕十分有益。

孕前如何合理控制体重

孕前体重适当是健康生殖的一个基础，控制体重的概念是要把体重保持在适中的水平，既不能过胖，也不能过瘦。适宜的体重对承受妊娠的过程很必要，既不会因体重过重患妊娠并发症，又不会因体重过低而导致营养供给不足，产后身体的复原也很必要。正常的体质指数应该在18～22。

体质指数的计算方法为：体质指数（BMI）=体重（千克）/身高（米）^{2}。

如何控制自己的体重呢？

对于女性来说，BMI大于23时需要减肥。我们知道身体的肥胖主要是因体内脂肪存积过多所致，减肥减掉的主要是脂肪。脂肪堆积得过多不外乎摄入量过多和代谢过少。

减少脂肪和糖的摄入量。糖类食物进入体内过多时，多余的部分便以脂肪的形式储存在内脏周围和皮下，所以应该严格控制糖类和脂肪的摄入量，如不吃高脂肪食物和油炸食品；不吃甜食，如糖果、糕点、巧克力；可少食谷类主食，一个中等身高的女性大约在160厘米，每日主食摄入量应该在200克左右，相当于2个馒头或2碗米饭；饥饿时可吃些豆制品、干果或生的蔬菜等，这样持之以恒，必有效果。

加速脂肪的代谢和燃烧。当进食量少而运动量又大时，身体需要大量能量，就必须把脂肪换成热能，动用多余的脂肪。加大每日的运动量，脂肪就会在不知不觉中渐渐减少了。

要注意的是，除了脂肪以外的任何营养物质一样都不能控制，如蛋白质、维生素、蔬菜水果的膳食纤维和微量元素等，不仅不能减少，还需要加大这些营养素的补充，因为在运动的同时，其他营养物的消耗也会增大，应该避免“拆东墙补西墙”“聋子治成哑巴”的后果。

对于瘦弱者来说，体质指数BMI小于18时，营养状况一定不良。有些年轻女性朋友为了保持身材，刻意控制体重，通过血液化验是能够看出她们是缺乏必要营养素的。另外还有一些人的瘦弱是由疾病造成的。就现代科学理念来讲，完全可以在保证均衡营养的前提下，保持匀称的身材。妊娠是一个消耗身体营养的过程，营养不足常常导致孕妇自身缺钙、贫血、心脏负担加重，同时也会导致胎儿先天营养不足和体重过低。

专家观点

准备怀孕的瘦弱女性要增肥，增加进食总量，补充营养，可适量食用高糖高脂类食物，保障每日蛋白质的摄入量约每千克体重达1.2克，蛋白质的种类要丰富，多食新鲜的水果和蔬菜，可以通过增加进食次数和增加运动量来提高食欲。必要时可以口服多种维生素，帮助补充营养。对于慢性疾病，孕前最好治愈，以减少消耗。

增肥的同时一样需要增加运动量，所谓增肥不仅仅是增脂，而是增加体能，增加肌肉组织的力量，让身体机能更加完善。

▶ 进行必要的检查

身体健康有必要做孕前检查吗

可以肯定地回答，身体健康同样要做孕前检查，原因有三。

其一，与我们共存的许多致病菌，我们称之为条件致病菌。条件致病菌常常是导致女性朋友流产的罪魁祸首，它们寄生在生殖道中，一遇到机会便会兴风作浪，或者引起女性生殖器官慢性炎症，或者引起胚胎发育停止，例如支原体、衣原体和某些病毒。这些致病菌可以寄生在健康人的体内，当人体健康状态良好时，它们不能生长繁殖，或者只是引起轻微的炎症，所以人体感觉不到它们的存在，只有当人体抵抗力下降时，它们才会生长繁殖，伤害人体。

我们都曾经有过切身的体会，当我们患感冒、盆腔炎或旧病复发时，往往都是在劳累或受凉之后，这就说明了，劳累和受凉易导致人体抵抗力降低而引发疾病。

这些致病菌不做身体检查是不易被发现的。目前已经发现的能导致胚胎异常或停止发育的致病微生物有风疹病毒、巨细胞病毒、弓形虫、细小病毒、单纯疱疹病毒、支原体、衣原体、肝炎病毒、梅毒螺旋体、HIV等。随着医学的发展，还将会发现新的致病菌。所以在孕前检查时医生都会有针对性地对它们进行检测并及时做消除治疗，以确保生殖道的健康。

其二，孕前检查的主要内容之一是优生咨询。通过与医生的交谈，就个人的特殊情况向医生提问，医生通过了解孕前夫妇的工作生活状态、生殖功能状态、家族遗传状况以及既往病史等情况，可以就每对夫妇有可能存在的影响健康生育的问题，进行针对性的指导。这种方法贯彻了国家大力提倡的预防为主的医疗方针，也是目前国际上推崇并流行的医疗方法，事实也证明了优生遗传咨询是一种既经济又有效的医疗方法。

其三，分子遗传学检测技术造福于孕前夫妇。近年我国提倡的精准医疗其中重要的一方面就是防止先天缺陷儿的出生。科学研究告诉我们，每一个健康的人都会携带隐性致病基因，人群中携带率较高的致病基因有先天性耳聋、地中海贫血、血友病、多囊肾、多种代谢性疾病、脊肌萎缩症、肌营养不良症等基因，而人类遗传病有几千种，如果夫妇二人携带了相同的致病基因，则后代发病率可能大大增加，甚至可达25%。所有的遗传性疾病都会严重威胁到孩子的健康甚至生命，大多数遗传性疾病都属于不治之症。为提高后代的健康素质，我们提出了预防出生缺陷的孕前基因检测和预防措施，可以有效地降低患病儿的出生。

孕前体检有异常怎么办

这要从孕前检查的项目说起，一般的孕前检查项目有：

①基础体检。对身体一般状况的了解，如血尿便常规化验，口腔、牙龈、咽喉、心电图、血生化、肝功、肾功等。

②专项体检。月经周期、妇科B超和内诊、宫颈防癌检查、优生五

项、宫颈支原体和衣原体检查及甲状腺功能、乙肝五项等。

③特殊检查。普通人群不做此项检查。只有已经出现异常病症或高度怀疑异常时才做有针对性的检查，如染色体分析、女性激素检测、ABO和RH溶血抗体检查、基因检查、免疫抗体检测以及各种特殊疾病的检查。

检查是因人而异的，医院或体检中心的检查都可互为参考。

基础检查时发现慢性病，或者身体正处于某种疾病的发作期时，建议首先治疗，并等到病情治愈，或者进入稳定期后再妊娠，具体建议请专科医生提供。如果因患病需持续用药治疗时，建议选用对胎儿相对安全的药物，药物用量维持最小有效量。有时具体疾病会有不同的处理，需要进行孕前咨询。如患有牙周炎和慢性上呼吸道感染者，建议孕前要做治疗，口腔疾病的致病菌同样也可以使胎儿致畸。

在专项检查时发现的疾病，如附件炎、阴道炎要先行治疗。宫颈炎如为中度或轻度，在经过防癌检查排除癌变或癌前病变后可以不治疗，先妊娠。

如宫颈防癌检查有病变或宫颈有人乳头瘤病毒即HPV感染时，经进一步检查、确诊并治疗后再妊娠。如宫颈细胞学检查阴性，非16、18型HPV感染的，可以妊娠。

宫颈衣原体或支原体阳性时也要先消炎治疗，待检查转阴后再妊娠。

月经不调的原因较多，月经异常本身会影响受孕能力，常常导致不孕，要先查明病因并进行治疗。

对孕前检查发现的其他异常，有相关的专题进行介绍。

按时做孕期检查有哪些意义

妊娠期间的检查有两个目的。

一是对孕妇身体健康状况的动态监测，及时发现孕妇由于妊娠而引起的病理变化，如妊娠贫血、妊娠高血压、妊娠糖尿病、妊娠合并心脏病及妊娠合并肾病。一些妊娠并发症可能威胁母子的生命安全。

二是监测胚胎宫内的发育状况，胎儿发育是否存在异常，如发育畸形、停止发育、胎儿宫内缺氧、胎儿发育过小或过大、胎儿身体各部位比例是否合适等。

专家观点

孕期检查是有步骤的，不同时期检查的重点也是不同的，孕早期着重于对胎儿的发育观察，孕晚期着重于对孕妇的检查，各项检查必不可少。

我们时常看到一些孕妇，相隔很长时间才来做检查，这样的孕妇一旦出现问题，往往造成不可挽回的后果。如果胎儿已经停止发育，并且停止发育的时间过久，会因胎体腐烂变性，产生大量毒物而被母体吸收，造成母体肝肾功能的损害，造成子宫内膜感染或粘连，甚至造成终生不孕。如果错过筛查时机，胎儿的先天异常未能被检查出来，就会造成先天缺陷儿的出生。有的孕妇来做孕期检查的时候面色苍白、心慌乏力，经检查才发现已经是重度贫血，心脏负担由于长时间加重已经出现衰竭的迹象，同时胎儿出现营养不良状况，如不立即住院将有可能危及母子生命。还有妊娠合并心脏病、肾病、糖尿病时都会造成严重的后果。

按时做产前检查，经常与医生沟通，日常孕期中的疑问或保健方法就都可以在与医生的互动中找到答案，产科医生就是孕妈妈的良师益友。

羊水可以检测出哪些先天缺陷

胚胎在子宫内生长，就像小鱼游荡在羊水之中一样，胎儿再长大一些时则会吞咽羊水，再经过胎儿体内排出。羊水的成分主要为水、无机盐及酶。这些都来白胎儿的尿液、血浆及胎儿的上皮细胞。

通过分析羊水成分，可以了解胎儿的发育及代谢情况，进行遗传学的分析和诊断。

羊水的量和颜色能够反映出胎儿的发育情况，神经管缺损，如脊柱裂和无脑儿及母子血型不合时都会出现羊水量的异常。通过对羊水量和颜色的观察，还能了解胎儿宫内发育及胎儿体内的羊水循环状况，胎儿肠道和泌尿道的畅通与否。

目前临床上常用的方法是对羊水细胞进行细胞遗传学分析及分子遗传学检测，对羊水成分用生化遗传学方法，测定羊水中的代谢产物及酶的活性。

（1）细胞遗传学诊断染色病

可以诊断的疾病包括各种染色体异常，做特异性的基因和染色体定位，如21三体综合征、13三体综合征、18三体综合征、性染色体异常、各种染色体结构异常等。

（2）分子遗传学诊断基因变异

进行致病基因检测，对单基因遗传病及致病基因携带做出诊断，如对地中海贫血的基因进行诊断。人类的单基因遗传病有近2万种，科学研究工作者还在不断研究，进行人类基因DNA的测序已经完成，并绘制出了人类全部基因的图谱。在不久的将来，人们将能够对全部致病基因进行产前检出，诊断出所有的遗传病，就能够阻止遗传病儿的出生。

（3）生化遗传学诊断代谢异常遗传病

当胎儿出现糖类、脂质、氨基酸、有机酸、核苷酸、维生素及矿物质的代谢紊乱时，可以通过生化遗传学方法做出诊断。但大多数代谢性遗传病是在出生后发病的，如糖原贮积症、黏多糖病、着色性干皮症、血色素沉着病等，所以代谢性遗传病有时在产前也是检查不出来的。

（4）孕期母亲无创DNA检测技术

这是利用分子遗传学DNA测序技术，准确率99%地检出胎儿是否患了染色体非整倍体异常，如21三体儿、先天愚型儿、13三体儿、18三体儿，以及性染色体异常性疾病。这项技术大大弥补了唐氏筛查的不准确性、羊水检查的风险性，而且妊娠12周以后便可检测，只需抽取5毫升的母亲血液即可。

▶ 预防出生缺陷

什么是出生缺陷

凡是出生时身体表现超出正常范围的结构和功能的变化即为出生缺陷，出生缺陷一般来自遗传因素或者外界不良环境的作用。

常见的因人体结构变化引起的出生缺陷是：我们用眼睛或借助仪器能看得见的变化，如无脑儿、唇裂、先天性心脏病、肢体畸形、面部异常、小头、肠道闭锁等。

常见的人体功能异常的出生缺陷是：需要使用特殊设备检查的变化，如智力低下、耳聋、先天性代谢病、先天性白血病等。

先天出生缺陷不包括由分娩时的伤害造成的异常，如新生儿产伤、宫内窒息、头颅血肿及缺氧和颅脑损伤所致的智力低下等。

一个先天缺陷儿的出生不仅给一个家庭带来巨大精神压力，也是一个巨大的经济负担，整个家庭和患病个体的幸福指数会直线下降。

一个国家的出生缺陷率和出生缺陷检出技术反映着一个国家国民的体质素质及国家科技进步的水平，也是综合国力的体现。

我国已经立法制定了一系列保障母婴健康的法律法规，优生优育也是我们国家的国策之一。法律法规的制定和实行体现着国家对国计民生的关注。

随着医疗技术的进步，检测出的出生缺陷的种类也在不断增多。

为了保障母婴健康，世界各国都在不断探索如何预防发生先天缺陷的方法以及产前检出尽可能多的先天缺陷的技术，如何防止先天缺陷儿的出生是目前医学界研究的热点课题。

近期接触过X射线能马上怀孕吗

临床上经常有孕前做了X射线检查怀孕后来咨询的朋友。

通常人们说的辐射就是电离辐射，也包括X射线，它是一种高速的带电粒子，穿透力很强，通过与物质作用时产生次级粒子，引起物质电离，可以导致组织细胞的损伤，可引起基因突变和染色体的畸变。在妊娠2个月之前接触到的辐射最易诱发畸形且最严重。当年在日本广岛和长崎受到原子弹爆炸辐射影响后幸存的妊娠女性中，流产者占28%，产下的婴儿第一年死亡率达25%，另有25%的婴儿出生时有小脑发育不全或智力低下等畸形。

其实在我们的生活和工作中很难接触到大量的高强度辐射，我们周围环境中的电离辐射包括天然辐射和人工辐射，这些都是极其微量的辐射，远达不到对胎儿致畸的程度。

天然辐射来自宇宙辐射、地球辐射和体内放射物质。宇宙辐射来自外层空间并逐渐衰减，当到达地球后的辐射量已极其微小，一般不会对人类构成伤害；地球辐射来自各种天然放射性元素，存在于多种岩石和土壤中，其辐射量与地球上的不同地区有关，一般情况下我们生活环境中的放射量不足以伤害人体；体内放射物质存在于生存必需的空气、水和食物中。

人工辐射来自放射性工作环境、医疗照射和核试验时落下的灰尘中。

专家观点

尽管人类生存于电离辐射的环境之中，但早已经与生物界达到了一种平衡，总体人工辐射一直处于本底辐射水平，对人类的影响并不严重，不必为此过于担忧，地球的生物是离不开辐射的。但随着社会的发展，医疗辐射和职业性辐射有可能会超过本底辐射量，生活中我们使用的一些家用电器也会产生瞬间的电离辐射，对此人们要防护，特别是孕前夫妇对此的适当防护是十分必要的。

为安全起见，为把引起伤害的可能性降到最低，专家建议：

①妊娠前要在尽可能长的时间内避免接触来自人为的电离辐射，尽量减少不必要的放射性检查。

②从孕前开始就穿防辐射服很有必要，以便提前保护好我们的生殖细胞。

③家用电器不要过于密集地摆放和使用，使用各种电器时注意与人体保持一定距离或缩短使用的时间。

④适当减少使用计算机和电视机的时间。

⑤避免过多接触天然建筑石料，如少去、尽量不去家装建材市场。

住进刚装修好的房子能马上怀孕吗

随着装修材料越来越高档化，装修造成的环境污染以及对人体带来的伤害近年来越来越多见了。装修材料中的苯、甲醛、铅，还有放射性污染，还有一些我们暂时还不清楚的化学物质对胎儿也有致畸性，因装修造成胎儿畸形的事例越来越多。但由于对装修致畸的研究尚不完善，许多机理不是很清楚，所以专家建议主要还是以避开为主。

孕前给一些小小的建议，供参考。

①不要久留于甲醛浓度高的装修环境中。

②装修环境如果味道重、刺鼻以及使人感到咽喉不适，说明污染物质含量多，应该马上离开。

③装修后的环境尽量长时间多通风，不住人。

④选择环保装修材料。

⑤装修后3个月内最好避孕。

每日面对计算机要做防护吗

近年人们对使用计算机是否对孕妇造成伤害这个问题关注较多，目前尚未发现因使用计算机造成的先天缺陷的证据。研究发现，计算机的电离辐射量是比较安全的。

现代人的工作和生活几乎离不开计算机，一般人群是不必做防护的，但是备孕夫妇对于计算机的使用应该持慎重态度，专家给出如下建议：

①孕前早穿防辐射服。

②因工作需要必须使用计算机的女性，应该改用液晶显示屏。

③尽量缩短每日在计算机前工作的时间。

孕前养了小动物怎么办

近年随着猫、狗等小宠物走进千千万万个家庭，孕前准备与预防弓形虫感染的问题也越来越突出了。

自然界中的弓形虫是一种细胞内寄生的原虫，它的最终宿主是猫科动物，猫的粪便可以排出弓形虫的卵囊，人及其他哺乳类动物，如猪、牛、羊及禽类动物是中间宿主。当人类不慎食入弓形虫的卵囊后，卵囊中的孢子体会感染人体。当孕妇体内没有抗弓形虫抗体而受到感染后，弓形虫会通过胎盘感染胚胎。

人感染弓形虫的途径主要是猫的粪便，其传播方式为：

经食物——食入含有弓形虫卵囊的肉类、乳类及蛋类。

经日常生活密切接触——养猫者接触粪便后经口传播。

经母婴传播——孕期感染后经胎盘感染胎儿。

妊娠早期胎儿感染弓形虫则受损严重，常发生自然流产和死胎；孕中晚期的感染，可导致胎儿发生视网膜脉络膜炎、脑积水、脑钙化及先天性心脏病等异常。

弓形虫广泛存在于人类和自然界，由于大多数人对弓形虫具有天然免疫力，故一旦感染后多呈慢性隐性感染，可以无明显症状，或仅表现为轻微的上呼吸道炎症。

对此，孕前及妊娠期的防护措施有：

①不食未煮熟的肉、蛋、乳。

②孕前避免接触猫，接触猫后一定要洗净双手。

③接触生的牛、羊、猪肉后要洗净双手，特别是因职业接触者。

④孕前检查血清弓形虫抗体，必要时给予治疗。

子宫肌瘤影响宝宝发育吗

子宫肌瘤是一种良性的女性生殖器肿瘤，一般生长在子宫的肌壁间，多发生于40岁左右的女性。但近年随着物质水平的提高，营养供给充足，各种补品大行其道，使得子宫肌瘤的发生率越来越高，而且发病年龄逐年提前，20多岁的女性患子宫肌瘤者大有人在，无形中给女性朋友的生育多设了一道障碍。但子宫肌瘤并不一定影响胚胎的发育，至多可能造成受孕率降低，增加流产可能性。

子宫肌瘤的生长有许多种形式，有单发和多发之分，多发子宫肌瘤长到五六个或七八个都很常见。根据子宫肌瘤的生长位置，子宫肌瘤可以分为黏膜下肌瘤、间质肌瘤和浆膜下肌瘤。子宫肌瘤向宫腔内突出生长为黏膜下肌瘤，长在子宫壁中间不突出的为间质肌瘤，向外突出生长为浆膜下肌瘤，另外，子宫肌瘤有大有小，小的像珠子，大的可以像小孩的头那么大。

专家观点

影响妊娠的往往是多发性子宫肌瘤、大个儿的子宫肌瘤和向子宫腔内突出的黏膜下子宫肌瘤。各种形态的子宫肌瘤都会使子宫内膜失去光滑平整，变得凹凸不平，影响受精卵的种植和生长发育。另外，妊娠后子宫肌瘤也会随着子宫的增长而长大，子宫肌瘤对子宫来说又是一个异物，肌瘤的存在会刺激子宫而引起子宫收缩，所以，子宫肌瘤又容易造成早产和流产。

临床医学认为，子宫肌瘤影响妊娠是相对的，不是绝对的。由于子宫肌瘤不是一夜长成的，是由小逐渐变大的，在这一过程中女性有很多机会是可以生育的，所以我们经常对患子宫肌瘤的朋友说，趁子宫肌瘤还没有长大时抓紧妊娠，可使妊娠失败的概率降低些。当然，一些朋友已经因子宫肌瘤发生了多次流产，或者有的朋友子宫肌瘤长得很大，呈多发性，或者肌瘤又长在了子宫黏膜上，这时就要选择手术治疗了。手术是将妨碍受精卵种植的子宫肌瘤清除掉，使子宫内膜重新变得光滑平整，之后再妊娠。当然这一过程有时需要半年到一年的时间，只好耐心等待了。

为了减少子宫肌瘤对生育的影响，应该定期体检，以便早期发现子宫肌瘤。已婚女性一旦发现患有子宫肌瘤，应选择尽早妊娠。宫腹腔镜及超声聚焦刀这些微创手术不仅可以清除子宫肌瘤，而且具有创伤小、恢复快的特点，可以为尽早妊娠争取时间。

什么时候人体容易受到致畸因子的伤害

致畸因子尽管存在于我们生活的环境之中，但人体自身具有很强的天然防御能力，如我们身体的皮肤，作为一道屏障可以抵御细菌和病毒的侵入；人体各处的分泌物，如唾液、鼻涕、阴道分泌物都可以杀菌或黏附细菌病毒；血液中的白细胞和淋巴细胞则是人体的警察卫士，还有人体的免疫系统也具有很强的防御机制。

致畸因子伤害人体需要具备两个条件：

①人体抵抗力下降时。人体过度疲劳、患慢性疾病、人体处于亚健康状态、过度冷和热的环境下均可使人体受到致畸因子的伤害。

②外来的侵袭过于强大时。大量细菌和病毒的侵入，超过人体防御能

力，例如某种传染性疾病大流行时；新的物种侵袭人体，而人体不能识别时，如艾滋病病毒等；有过量的辐射和化学物质的作用时。

唇腭裂能预防吗

唇裂或者伴有腭裂是常见的先天畸形，各国的发生率有所不同。我国新生儿的发生率为1/1000，日本人为1.7/1000，白种人为1/1000。

唇裂畸形多发生于上唇的两侧，以单侧裂为常见，且以左侧多见，常伴有上颌切齿与尖牙间的牙槽嵴裂和腭裂。唇腭裂的发生程度可有很大差别，轻则上嘴唇仅稍有裂开，重则双侧唇裂，并一直延伸伴有腭裂，严重影响吞咽动作，喝水时会经常呛入肺内而引起肺部感染。上腭裂还会影响患者发音，患者常常吐字不清晰，发出怪音。

专家观点

唇腭裂属于多基因遗传病，有些唇腭裂也是染色体综合征多发畸形中的一种表现，或者是其他遗传病的相伴症状。

唇腭裂的发生多是遗传与环境因素共同作用的结果，与唇腭裂有关的环境因素包括孕妇患糖尿病、孕妇使用抗癫痫药、叶酸缺乏及饮酒等。

妊娠期间的B超筛查可以将大部分唇裂筛查出来。根据病情的轻重程度不同，有些唇腭裂不一定要终止妊娠，程度轻的经过修补手术基本可以与正常人一样。曾经有一位高龄初孕妇，妊娠中期经B超筛查出胎儿为单纯性轻度唇裂，刚开始发现这个问题时，孕妇很痛苦，执意要求引产。在医生的劝说下，进一步做了B超检查并排除了腭裂，证实是轻度的唇裂，最后顺利分娩，产后不久就给宝宝实施了修补术，宝宝半岁时就已经完全看不出手术的痕迹了，现在这个宝宝非常健康。

第一胎能做人工流产吗

新婚夫妇婚后第一胎做不做人流，要采取慎重态度。不想生育，又未采取避孕措施的新婚夫妇，有必要到医院妇科去咨询一下，选择并落实适合自己的避孕方法，以免妊娠后再做人流。当然，并不是说未生育过的女性绝对不能做人流。若必须做人流，什么时候做最好呢？对于未生育过的女性来说，还是越早越好。目前有很多医院可做限于怀孕49天以内的早孕吸宫手术，这种手术更适宜未生育过的女性。

PART 5

法律篇

▶ 如何缔结一个有效的婚姻

结婚除了必须具备符合法律规定的条件外，还必须在规定的结婚登记处履行法定的婚姻登记手续。结婚登记是国家对婚姻关系的建立进行监督和管理的制度。登记制度，可以保障婚姻自由、一夫一妻原则的贯彻实施，避免违法婚姻。

我国《民法典》关于婚姻的基本原则包括婚姻自由、一夫一妻、男女平等的婚姻制度，保护妇女、未成年人、老年人、残疾人的合法权益。

婚姻自由，指的是禁止包办、买卖婚姻和其他干涉婚姻自由的行为。

一夫一妻，要求一男一女结为夫妻。尽管目前世界上有些国家已经认可同性婚姻，但我国目前对此仍持保留态度。

男女平等，是指男女双方在婚姻家庭中，平等地享有权利和履行相应的义务。

保护妇女、未成年人、老人和残疾人的合法权益，是指在婚姻生活中，夫妻应当互相忠实、相互尊重、互相关爱；家庭成员应当敬老爱幼、互相帮助；不能歧视、虐待妇女，禁止家庭暴力；禁止借收养名义买卖未成年人；父母对儿女均有抚养、教育的义务；夫妻双方对老人均有赡养扶助的义务；保护家庭成员中残疾人一方的合法权益等。

结婚的前提条件

按照我国婚姻家庭方面的法律规定，结婚必须具备的基本条件包括：

第一，结婚双方完全自愿，不许任何一方或第三方对另一方加以强迫，禁止任何组织或者个人加以干涉。

第二，结婚时要达到法定年龄。我国法律规定的最低年龄为：男方要年满22周岁，女方要年满20周岁。

第三，禁止结婚的情况：一是禁止有配偶者与他人结婚；二是禁止直系血亲或者三代以内旁系血亲的亲属之间结婚。

结婚登记要提交的证件和证明材料

办理结婚登记时，我国民政部门要求出示的证件及需要提供的证明材料主要包括：

（一）内地居民：一是本人的户口簿、身份证，二是本人无配偶以及与对方当事人没有直系血亲和三代以内旁系血亲关系的签字声明。

（二）香港居民、澳门居民、台湾居民：一是本人的有效通行证、身份证，二是经居住地公证机构公证的本人无配偶以及与对方当事人没有直系血亲和三代以内旁系血亲关系的声明。

（三）华侨：一是本人的有效护照，二是居住国公证机构或者有权机关出具的、经中华人民共和国驻该国使（领）馆认证的本人无配偶以及与对方当事人没有直系血亲和三代以内旁系血亲关系的证明，或者中华人民共和国驻该国使（领）馆出具的本人无配偶以及与对方当事人没有直系血亲和三代以内旁系血亲关系的证明。

（四）外国人：一是本人的有效护照或者其他有效的国际旅行证件，二是所在国公证机构或者有权机关出具的、经中华人民共和国驻该国使（领）馆认证或者该国驻华使（领）馆认证的本人无配偶的证明，或者所在国驻华使（领）馆出具的本人无配偶的证明。

结婚登记不再需要提交婚检报告

2003年10月1日起实施的新《婚姻登记条例》已经规定，办理结婚登记不再需要向登记机关提交婚检证明。

结婚登记不再需要提交单位证明

2003年10月1日新的《婚姻登记条例》开始实施后，办理新婚登记不需要向登记机关提交自己所在单位及街道办事处出具的婚姻状况证明材料，而只需要由本人出具无配偶以及与对方当事人没有直系血亲和三代以内旁系血亲关系的签字声明。

军人结婚登记是否还要提交部队证明

军人只持有军官证，而没有身份证和户口簿，2003年10月1日出台的新《婚姻登记条例》规定，军人仍需要所在的部队出具婚姻状况证明。如果结婚双方一方是军人，另一方是一般公民的，一般公民的一方不再需要由单位出具婚姻状况证明。

办理结婚登记的政府部门有哪些

男女双方均为内地居民的，应当共同到一方当事人常住户口所在地的县级人民政府民政部门或者乡（镇）人民政府民政部门登记，省、自治区、直辖市人民政府可以按照便民原则确定农村居民办理婚姻登记的具体机关。

中国公民同外国公民在中国内地结婚的，或者内地居民同香港居民、澳门居民、台湾居民、华侨在中国内地结婚的，结婚双方应当共同到内地居民户口所在地的省、自治区、直辖市人民政府民政部门，或者省、自治区、直辖市人民政府民政部门确定的机关登记。

结婚双方均为中国公民且处于中华人民共和国境外的，可以到我国驻外使（领）馆办理婚姻登记。

未办理结婚登记的夫妻如何“离婚”

一些新婚新人由于办理手续不方便等原因，举行了婚礼仪式后即以夫妻名义在一起生活了，却还没有进行婚姻登记、领取结婚证。法律规定，男女双方应当及时补办结婚登记，其婚姻关系的效力，是从双方均符合婚姻法所规定的结婚的实质要件时算起。

有些男女未办理结婚登记就以夫妻名义共同生活的情况下，根据2001年12月最高人民法院出台的新婚姻法司法解释（一）规定，应当区别对待：

（一）1994年2月1日民政部《婚姻登记管理条例》公布实施以前，男女双方已经符合结婚实质要件的，按事实婚姻处理；

（二）1994年2月1日民政部《婚姻登记管理条例》公布实施以后，男女双方符合结婚实质要件的，人民法院应当告知其在案件受理前补办结婚登记；未补办结婚登记的，按解除同居关系处理。

无效婚姻

无效婚姻是指尽管男女双方办理了结婚登记，但由于出现了法律规定的情形而导致婚姻虽经登记但仍然无效的状况。

法律规定有三种情形出现其婚姻无效：

（一）重婚；

（二）有禁止结婚的亲属关系；

（三）未到法定婚龄的。

在这三种情形下，法律规定的主体有权申请法院宣告这桩婚姻无效。法律规定，有权向人民法院申请宣告婚姻无效的人，包括婚姻当事人，也就是结婚的双方和利害关系人。

根据法律规定，有权申请婚姻无效的“利害关系人”有：

（一）以重婚为由申请宣告婚姻无效的，为当事人的近亲属及基层组织；

（二）以未到法定婚龄为由申请宣告婚姻无效的，为未达法定婚龄者的近亲属；

（三）以有禁止结婚的亲属关系为由申请宣告婚姻无效的，为当事人的近亲属；

（四）以婚前患有医学上认为不应当结婚的疾病，婚后尚未治愈为由申请宣告婚姻无效的，为与患病者共同生活的近亲属。

根据法律规定，向人民法院申请宣告婚姻无效时，如果法律规定的无效婚姻情形已经消失（如有的当事人已达到了法定婚龄的、不应当结婚的疾病已经治愈等），人民法院便会驳回原告的诉讼请求。但是，无效婚姻关系当事人死亡后一年内，生存一方当事人或者利害关系人申请宣告婚姻无效的，法院应当受理。

在财产处理方面，被宣告无效的婚姻，当事人同居期间所得的财产按共同共有处理，但有证据证明为当事人一方所有的除外。人民法院审理重婚导致的无效婚姻案件，涉及财产处理的，应当准许合法婚姻当事人作为有独立请求权的第三人参加诉讼。

人民法院审理此类案件，对婚姻效力的审理不适用调解，应当依法做出宣告婚姻有效或无效的判决。人民法院受理申请宣告婚姻无效案件后，经审查确属无效婚姻的，应当依法做出宣告婚姻无效的判决，原告申请撤诉的，不予准许。但涉及财产分割和子女抚养的，可以调解。对财产分割和子女抚养问题的判决不服的，当事人可以上诉。

婚姻的撤销

法律规定，因受胁迫而结婚的当事人，有权向法院请求撤销其婚姻。受“胁迫”的婚姻，是指行为人以给另一方当事人或者其近亲属的生命、身体健康、名誉、财产等方面造成损害为要挟，迫使另一方当事人违背真实意愿结婚的情况。

有权提出撤销婚姻的当事人只能是受胁迫一方的婚姻关系当事人本人，并且，该权利行使还有时间限制，应当自婚姻登记之日起一年内提出。被非法限制人身自由的当事人请求撤销婚姻的，应当自恢复人身自由之日起一年内提出。

根据法律规定，向法院提出申请撤销其婚姻的，应当出具下列证明材料：

（一）本人的身份证、结婚证；

（二）能够证明受胁迫结婚的证明材料。

婚姻登记机关经审查认为受胁迫结婚的情况属实且不涉及子女抚养、财产及债务问题的，应当撤销该婚姻，宣告结婚证作废。被撤销的婚姻，当事人同居期间所得的财产，按共同共有处理，但有证据证明为当事人一方所有的除外。

婚约与彩礼

我国作为具有悠久婚姻习俗的国家，拥有种类繁多的婚姻惯例与习俗。订婚以及订婚时交付对方的彩礼，即为其中最具传统色彩的一种。法律上规定的婚约，在我国亦称订婚，通常是指男女双方当事人为了结婚的目的而对婚姻关系所做的事先约定。

在通常情况下，订立婚约要举行仪式，男女双方、各自父母还要向未来的女婿或儿媳赠送订婚礼物及金钱（俗称聘金或彩礼），从婚约订立直到正式结婚，男女双方及各自家庭还要时常向对方赠送财物。如果最终婚姻没有成立或生效，因此取得的彩礼应当如何处理？

最高人民法院2003年12月出台的婚姻法司法解释（二）规定，有三种情形可以请求返还彩礼：

一是双方未办理结婚登记手续的；

二是双方办理结婚登记手续但确未共同生活的；

三是婚前给付导致给付人生活困难的。

其中后两项，应当以双方离婚为条件。如果不离婚就不能要求返还彩礼。

最高人民法院2011年8月9日出台的婚姻法司法解释（三）还规定，结婚前，当事人约定将一方所有的房产赠与另一方，赠与方在赠与房产变更登记之前撤销赠与，另一方请求判令继续履行的，人民法院可以按照《合同法》第一百八十六条规定的“赠与合同的任意撤销与限制”处理。即，赠与人在赠与财产的权利转移之前可以撤销赠与，但经过公证的赠与合同不可撤销。

▶ 婚姻生活中受法律约束的内容

夫妻双方各自享有的权利与义务

婚姻法律关系，也就是夫妻的权利义务关系，主要包括人身关系和财产关系。

按照法律规定，人身关系主要包括夫妻姓名权、住所决定权、配偶的人身自由权、日常事务代理权、协助权以及参加生产、工作、学习和社会活动的自由以及同居义务、忠实义务等。

我国《民法典》第一千零四十二条第二款规定：禁止重婚。禁止有配偶者与他人同居。

第一千零四十三条规定：家庭应当树立优良家风，弘扬家庭美德，重视家庭文明建设。夫妻应当互相忠实，互相尊重，互相关爱；家庭成员应当敬老爱幼，互相帮助，维护平等、和睦、文明的婚姻家庭关系。

第一千零七十九条规定：重婚或有配偶者与他人同居的，调解无效，应准予离婚。

第一千零九十一条规定：重婚或与他人同居导致离婚的，无过错方有权请求损害赔偿。

按照上述规定和《刑法》相关规定，已经结婚的当事人，无论是再次与他人进行结婚登记，或者是以夫妻名义与他人同居，均触犯了上述法律规定，均应当承担重婚的法律责任。

什么样的财产属于婚前个人财产

婚前财产是指进行结婚登记之前，夫妻一方就已经取得的财产。判断是否属于婚前财产的关键在于财产权的取得时间系在结婚之前，与实际取得占有与否无关。如果财产权的取得系在婚前，但婚后才实际占有该项财产，其性质属于婚前个人财产。比如婚前夫妻一方接受继承，遗产在婚后才分割，该遗产虽然是婚后所实际得到，但其所有权在婚前就已经取得，所以应认定为一方婚前财产。夫妻一方的婚前财产，不管是动产还是不动产，是有形财产还是无形财产，只要合法取得，就依法受到法律保护。

需要注意的是，婚前个人财产在婚后共同生活中自然毁损、消耗、灭失，离婚时一方要求以夫妻共同财产抵偿的，不予支持。

针对婚前取得的房产，我国司法解释做出了明确规定：

（一）当事人结婚前，父母为双方购置房屋出资的，该出资应当认定为对自己子女的个人赠与，但父母明确表示赠与双方的除外。

（二）夫妻一方婚前签订不动产买卖合同，以个人财产支付首付款并在银行贷款，婚后用夫妻共同财产还贷，不动产登记于首付款支付方名下的，离婚时该不动产由双方协议处理。不能达成协议的，人民法院可以判决该不动产归产权登记一方，尚未归还的贷款为产权登记一方的个人债务。双方婚后共同还贷支付的款项及其相对应财产增值部分，离婚时应由产权登记一方对另一方进行补偿。

（三）由一方婚前承租、婚后用共同财产购买的房屋，房屋权属证书登记在一方名下的，应当认定为夫妻共同财产。

夫妻共同财产的内容

随着社会经济的发展，夫妻财产的内容和形式都有了较大的变化，呈现出多样化、复杂化趋势，对夫妻财产制度问题的及时探讨，有着重要的现实意义。夫妻财产分为两类，一类是夫妻的共同财产，另一类是夫妻一方的个人财产。

夫妻共同财产，根据法律规定，是指夫妻在婚姻关系存续期间所得的下列财产，为夫妻的共同财产，归夫妻共同所有：

（一）工资、奖金、劳务报酬；

（二）生产、经营、投资的收益；

（三）知识产权的收益；

（四）继承或者受赠的财产，但遗嘱或者赠与合同中确定只归一方的财产除外；

（五）其他应当归共同所有的财产。

第（五）项的“其他应当归共同所有的财产”，包括：

（1）一方以个人财产投资取得的收益；

（2）男女双方实际取得或者应当取得的住房补贴、住房公积金；

（3）男女双方实际取得或者应当取得的养老保险金、破产安置补偿费。

对于知识产权权利的共同财产判断，由于知识产权权利本身的取得与财产性收益的实现并不同步，判断财产性收益是否属于夫妻共同财产的标准很难掌握。针对这一情况，最高人民法院的司法解释作出规定，属于婚姻关系存续期间所得或者婚姻关系存续期间已经明确可以取得的财产性收益，应当认定为夫妻共同财产。

最高人民法院发布的婚姻法司法解释（三）中规定，夫妻一方个人财产在婚后产生的收益，除孳息和自然增值外，应认定为夫妻共同财产。

夫妻共同财产的处置权

法律规定，夫妻对共同所有的财产有平等处理权。我们应当从两个方面理解这一规定。

（一）夫或妻在处理夫妻共同财产上的权利是平等的。因日常生活需要而处理夫妻共同财产的，任何一方均有权决定。

（二）一方未经另一方同意出售夫妻共同共有的房屋，第三人善意购买、支付合理对价并办理产权登记手续，另一方主张追回该房屋的，人民法院不予支持。夫妻一方擅自处理共同共有的房屋造成另一方损失，离婚时另一方请求赔偿损失的，人民法院应予支持。

在最新的婚姻法司法解释（三）中，规定了婚姻关系存续期间，夫妻一方可以依法请求分割共同财产的情况。司法解释规定，婚姻关系存续期间，夫妻一方请求分割共同财产的，人民法院不予支持，但有下列重大理由且不损害债权人利益的除外：第一，一方有隐藏、转移、变卖、毁损、挥霍夫妻共同财产或者伪造夫妻共同债务等严重损害夫妻共同财产利益行为的；第二，一方负有法定扶养义务的人患重大疾病需要医治，另一方不同意支付相关医疗费用的。

婚姻中的个人财产

2001年我国新《婚姻法》一个突出的贡献，就是从法律上更为明确地规定了家庭中夫或妻的个人财产的内容，《民法典》对夫妻一方的个人财产进一步进行明确规定。

下列财产为夫妻一方的个人财产：

（一）一方的婚前财产；

（二）一方因受到人身损害获得的赔偿或者补偿；

（三）遗嘱或赠与合同中确定只归一方的财产；

（四）一方专用的生活用品；

（五）其他应当归一方的财产。

对归属夫妻个人所有财产，不因婚姻关系的延续而转化为夫妻共同财产，但当事人另有约定的除外。这一法律规定，突出强调了公民依物权享有的财产权保护原则。但是，如果在婚姻关系存续期间处分个人财产，使个人财产形式发生变化但仍能与夫妻共同财产区分开来的，不认为该财产变为了夫妻共同财产；但如果该个人财产与夫妻共同财产发生了混同，则存在被认定为收入而属于夫妻共同财产的风险。

2003年12月的婚姻法司法解释（二），对婚姻中个人财产加以了细化。它规定，军人的伤亡保险金、伤残补助金、医药生活补助费属于个人财产；当事人结婚前，父母为双方购置房屋出资的，该出资应当认定为对自己子女的个人赠与，但父母明确表示赠与双方的除外。当事人结婚后，父母为双方购置房屋出资的，该出资应当认定为对夫妻双方的赠与，但父母明确表示赠与一方的除外。

对于婚后购买的房屋，婚姻法司法解释（三）进行了更进一步的规定。婚后由一方父母出资为子女购买的不动产，产权登记在出资人子女名下的，属于“遗嘱或赠与合同中确定只归夫或妻一方的财产”，视为只对自己子女一方的赠与，该不动产应认定为夫妻一方的个人财产。由双方父母出资购买的不动产，产权登记在一方子女名下的，该不动产可认定为双方按照各自父母的出资份额按份共有，但当事人另有约定的除外。

另外，婚姻关系存续期间，当事人约定将一方所有的房产赠与另一方，赠与方在赠与房产变更登记之前撤销赠与，另一方请求判令继续履行的，人民法院可以按照《民法典》第六百五十八条的规定处理。即，赠与人在赠与财产的权利转移之前可以撤销赠与，但经过公证的赠与合同除外。

如何认定银行存款是不是个人财产

从2001年4月1日起，国家开始实行储蓄实名制。有的人认为，以谁的名义存款，存款就会属于谁所有。这种看法存在一定的局限性。

根据《民法典》规定，夫妻在婚姻关系存续期间所得的财产应属于双方共同财产（在没有特别约定情况下）。因此，不论以夫妻中谁的名义存入银行均属双方共同所有，夫妻双方享有平等的处置权。如果离婚，双方应均分这些存款。

婚姻存续期间要求确认亲子关系

婚姻存续期间，夫妻一方向人民法院起诉请求确认亲子关系不存在，并已提供必要证据予以证明，另一方没有相反证据又拒绝做亲子鉴定的，人民法院可以推定请求确认亲子关系不存在一方的主张成立。

当事人一方起诉请求确认亲子关系，并提供必要证据予以证明，另一方没有相反证据又拒绝做亲子鉴定的，人民法院可以推定请求确认亲子关系一方的主张成立。

婚姻存续期间子女的抚养费问题

婚姻关系存续期间，父母双方或者一方拒不履行抚养子女义务，未成年或者不能独立生活的子女请求支付抚养费的，人民法院应予支持。

婚姻存续期间一方丧失行为能力后的权利保护

无民事行为能力人的配偶有虐待、遗弃等严重损害无民事行为能力一方的人身权利或者财产权益行为，其他有监护资格的人可以依照民事诉讼法规定的特别程序要求变更监护关系。变更后的监护人代理无民事行为能力一方提起离婚诉讼的，人民法院应予受理。离婚诉讼中可以一并对配偶的虐待、遗弃等重大过错行为提出损害赔偿，严重的甚至有权提出刑事自诉程序。

法律规定，应当按照顺序确定监护人。确定监护人的顺序是：父母；子女；其他近亲属；其他愿意担任监护人的个人或组织，但是须经被监护人住所地的居民委员会、村民委会或者民政部门同意。

《民法典》第三十一条规定：对监护人的确定有争议的，由被监护人住所地的居民委员会、村民委员会或者民政部门指定监护人，有关当事人对指定不服的，可以向人民法院申请指定监护人；有关当事人也可以直接向人民法院申请指定监护人。居民委员会、村民委员会、民政部门或者人民法院应当尊重被监护人的真实意愿，按照最有利于被监护人的原则在依法具有监护资格的人中指定监护人。依据前述规定指定监护人前，被监护人的人身权利、财产权利以及其他合法权益处于无人保护状态的，由被监护人住所地的居民委员会、村民委员会、法律规定的有关组织或者民政部门担任临时监护人。监护人被指定后，不得擅自变更；擅自变更的，不免被指定的监护人的责任。

夫妻约定财产制

我国《民法典》婚姻家庭编规定，夫妻可以约定婚姻关系存续期间所得的财产以及婚前财产的归属问题，或各自所有，或共同所有，或部分各自所有、部分共同所有。该约定形式可以是口头形式，也可以是书面形式，都是有效的。但是，如果因此出现了纠纷，如何证明存在此种约定呢?

我国民事诉讼法规定，经过法定程序公证证明的法律行为、法律事实和文书，人民法院应当作为认定事实的根据。如果男女双方将婚前属于自己的个人财产，以及双方共同购置的财产，用书面方式表现之，再由公证处予以证明，将会对财产纠纷进行最有效的预防。

▶ 离婚与继承

离婚之后能否对财产分割协议反悔

婚姻生活中，夫妻双方如果协议离婚，应当对家庭财产予以分割，个人财产归个人，夫妻共同财产由双方协议处理；协议不成时，由人民法院根据财产和家庭生活的具体情况，按照照顾子女和女方权益的原则判决。

但是，夫妻中的一方如果存在侵犯了对方的知情权，故意隐藏、转移、变卖、毁损夫妻共同财产，或伪造债务企图侵占共同财产中另一方的财产的情况的，按照我国法律规定，在分割夫妻共同财产时，对隐藏、转移、变卖、毁损夫妻共同财产或伪造债务的一方，可以少分或不分。并且，即便是离婚后，有一方如果发现有上述行为的，还可以向人民法院提起诉讼，请求再次分割夫妻共同财产。

另外，双方到民政部门离婚，就财产分割问题达成的协议，是当事人在平等自愿的前提下协商一致的结果。对于任何一方当事人来说，如果不存在法律规定应当变更或撤销的情形，协议对双方均具有法律上的约束力。

协议离婚后一年内，男女双方中一方发现了新问题对原来的财产分割协议反悔的有权向法院请求变更或者撤销财产分割协议，人民法院应当受理。经人民法院审查，若发现协议的确存在法律规定的欺诈、胁迫等特殊情形，当事人请求变更或者撤销的，人民法院依法予以支持。若未发现订立财产分割协议时存在欺诈、胁迫等情形的，法院便会驳回当事人的诉讼请求。

夫妻双方达成的以登记离婚或者到人民法院协议离婚为条件的财产分割协议，如果双方协议离婚未成，一方在离婚诉讼中反悔的，人民法院应当认定该财产分割协议没有生效，并根据实际情况依法对夫妻共同财产进行分割。

此外，如果当事人在履行此类协议过程中，因对方违反约定而提起诉讼的，人民法院也应依法受理。

离婚后，一方以尚有夫妻共同财产未处理为由向人民法院起诉请求分割的，经审查该财产确属离婚时未涉及的夫妻共同财产，人民法院应当依法予以分割。

夫妻共同债务是否会因离婚而免除

夫妻为共同生活或为履行抚养、赡养义务等所负债务，应认定为夫妻共同债务，离婚时应以夫妻共同财产清偿。

我国法律规定，夫或妻一方死亡的，生存一方应当对婚姻关系存续期间的共同债务承担连带清偿责任。同时，夫妻共同债务也不因离婚而免除。但是，如果夫妻中一方是以个人名义对外举债，应当如何认定其性质呢？应以债务形成时所处的时间阶段作为切入点，分成结婚前所欠债务和婚姻关系存续期间所欠债务两种情形进行处理。

（一）个人婚前债务。对一方婚前已经形成的债务，原则上认定为夫妻中一方的个人债务；债权人能够证明所欠债务用于婚后共同生活的，应当认定为共同债务，由夫妻双方共同偿还；上述两种情况的证明责任，由主张权利的债权人承担。婚前一方借款购置的房屋等财物已转化为夫妻共同财产的，为购置财物借款所负债务，视为夫妻共同债务。

（二）婚姻关系存续期间以一方名义所欠的债务，原则上应当认定为夫妻共同债务，应该由夫妻共同偿还。但是，如果夫妻一方能够证明该债务确为欠债人个人债务，自己就可以不负担连带责任。

属于个人债务的情形主要有以下几种，一种是债权人与债务人明确约定这项债务属于个人债务，另一种是夫妻对婚姻关系存续期间所得的财产已经约定好是归各自所有，夫或妻一方对外所负的债务，第三人也知道该约定的，那么其一方的债务就以这一方所有的财产清偿，另一方则不负连带责任。除此之外，夫妻之间订立借款协议，以夫妻共同财产出借给一方从事个人经营活动或用于其他个人事务的，应视为双方约定处分夫妻共同财产的行为，离婚时可按照借款协议的约定处理。

另外，个人债务还包括：夫妻一方婚前的债务，与遗嘱或赠与合同中确定只归夫或妻一方的财产所对应的债务。审判实践中一般将一方因个人不合理的开支，如赌博、吸毒、酗酒所负债务，或夫妻分居期间所负的债务认定为个人债务。

离婚时的房改房如何分割

在离婚时的财产分割纠纷中，对于房改房等带有福利性质取得的房屋上的争议较大。按照法律规定，双方对夫妻共同财产中的房屋价值及归属无法达成协议时，人民法院会按以下情形分别处理：

（一）夫妻双方均主张房屋所有权并且同意竞价取得的，应当准许；

（二）其中一方主张房屋所有权的，由评估机构按市场价格对房屋做出评估，取得房屋所有权的一方应当给予另一方相应的补偿；

（三）夫妻双方均不主张房屋所有权的，根据当事人的申请拍卖房屋，就所得价款进行分割。

对于离婚时双方对尚未取得所有权或者尚未取得完全所有权的房屋有争议且协商不成的，人民法院不宜判决房屋所有权的归属，应当根据实际情况判决由当事人使用；取得完全所有权后，有争议的，可以另行向人民法院提起诉讼。

最高人民法院的婚姻法司法解释（三）中还规定，婚姻关系存续期间，双方用夫妻共同财产出资购买以一方父母名义参加房改的房屋，产权登记在一方父母名下，离婚时另一方主张按照夫妻共同财产对该房屋进行分割的，人民法院不予支持。购买该房屋时的出资，可以作为债权处理。

离婚时的房屋问题

随着我国社会经济的发展，房屋在夫妻财产上一般属于重大财产。我国法律、司法解释对于这部分财产分割也进行了比较详细的规定。

（一）离婚时，双方对夫妻共同财产中的房屋价值及归属无法达成协议时，人民法院将按以下情形分别处理：

(1) 双方均主张房屋所有权并且同意竞价取得的，应当准许，价高者得；

(2) 如果一方主张房屋所有权的，由评估机构按市场价格对房屋做出评估，取得房屋所有权的一方应当给予另一方相应的补偿；

(3) 双方均不主张房屋所有权的，根据当事人的申请拍卖房屋，就所得价款进行分割。

（二）离婚时双方对尚未取得所有权或者尚未取得完全所有权的房屋有争议且协商不成的，人民法院不宜判决房屋所有权的归属，应当根据实际情况判决由当事人使用。当事人就前款规定的房屋取得完全所有权后，有争议的，可以另行向人民法院提起诉讼。

离婚时一方拥有股权等财产权利的分割

随着我国经济发展水平的提高，婚姻存续期间，夫妻一方取得股权、合伙企业合伙份额等情况逐渐增加。离婚时，针对这类型的财产的分割原则为：

（一）夫妻双方分割共同财产中的股票、债券、投资基金份额等有价证券以及未上市股份有限公司股份时，协商不成或者按市价分配有困难的，人民法院可以根据数量按比例分配。

（二）夫妻共同财产中以一方名义在有限责任公司的出资额，另一方不是该公司股东的，按以下情形分别处理：

(1) 夫妻双方协商一致将出资额部分或者全部转让给该股东的配偶，过半数股东同意、其他股东明确表示放弃优先购买权的，该股东的配偶可以成为该公司股东；

(2) 夫妻双方就出资额转让份额和转让价格等事项协商一致后，过半数股东不同意转让，但愿意以同等价格购买该出资额的，人民法院可以对转让出资所得财产进行分割。过半数股东不同意转让，也不愿意以同等价格购买该出资额的，视为其同意转让，该股东的配偶可以成为该公司股东。过半数股东同意的证据，既可以是股东会决议，也可以是当事人通过其他合法途径取得的股东的书面声明材料。

（三）夫妻共同财产中以一方名义在合伙企业中的出资，另一方不是该企业合伙人的，当夫妻双方协商一致，将其合伙企业中的财产份额全部或者部分转让给对方时，按以下情形分别处理：

（1）其他合伙人一致同意的，该配偶依法取得合伙人地位；

（2）其他合伙人不同意转让，在同等条件下行使优先受让权的，可以对转让所得的财产进行分割；

（3）其他合伙人不同意转让，也不行使优先受让权，但同意该合伙人退伙或者退还部分财产份额的，可以对退还的财产进行分割；

（4）其他合伙人既不同意转让，也不行使优先受让权，又不同意该合伙人退伙或者退还部分财产份额的，视为全体合伙人同意转让，该配偶依法取得合伙人地位。

（四）夫妻以一方名义投资设立独资企业的，人民法院分割夫妻在该独资企业中的共同财产时，应当按照以下情形分别处理：

（1）一方主张经营该企业的，对企业资产进行评估后，由取得企业方给予另一方相应的补偿；

（2）双方均主张经营该企业的，在双方竞价基础上，由取得企业的一方给予另一方相应的补偿；

（3）双方均不愿意经营该企业的，按照国家相应规定办理企业的清算手续。

离婚时尚未取得的财产如何分割

对于养老金及继承所取得的财产，尽管其属于婚姻存续存在或发生，或者离婚当时并未达到领取条件，对此，最高人民法院发布的婚姻法司法解释（三）中规定：

（一）离婚时夫妻一方尚未退休、不符合领取养老保险金条件，另一方请求按照夫妻共同财产分割养老保险金的，人民法院不予支持；婚后以夫妻共同财产缴付养老保险费，离婚时一方主张将养老金账户中婚姻关系存续期间个人实际缴付部分作为夫妻共同财产分割的，人民法院应予支持。

（二）婚姻关系存续期间，夫妻一方作为继承人依法可以继承的遗产，在继承人之间尚未实际分割，起诉离婚时另一方请求分割的，人民法院应当告知当事人在继承人之间实际分割遗产后另行起诉。

同居关系中的财产和子女抚养问题

这里的同居是指有配偶者与婚外异性，不以夫妻名义，持续、稳定地共同居住。当他们不再共同生活时，这种情形下产生的财产与子女抚养问题才是法律规定的解除同居关系、同居期间财产纠纷。

这里主要是保护“有配偶者”另一方配偶的合法利益，其他的如同居的双方都是单身的情形，人民法院将不会以此纠纷类型进行处理。

当事人如果就同居期间的财产分割和子女抚养问题提起诉讼的，同居财产按照共同共有处理，对非婚生子女，与婚生子女享有同等的权利，其生身父母要承担其抚养、教育的义务。

婚姻损害赔偿

婚姻损害赔偿，根据法律规定，是指在离婚时无过错方向过错方提出的精神伤害和身体伤害的赔偿。

婚姻损害赔偿的缘由有五项，一是重婚；二是有配偶者与他人同居；三是实施家庭暴力；四是虐待、遗弃家庭成员；五是有其他重大过错。

离婚时提出婚姻损害赔偿请求的，应当具备以下条件：

第一，必须是合法婚姻关系中的无过错方；

第二，必须是由于对方的过错导致离婚的；

第三，必须是在提出离婚时提出，即离婚才能提起赔偿，赔偿必须在离婚的前提下提出，只提赔偿不提离婚的，人民法院不予受理；

第四，必须是针对合法婚姻关系中的过错方，不能向第三方提出损害赔偿。

夫妻双方均存在上述过错情形的，一方或者双方向对方提出离婚损害赔偿请求的，人民法院不予支持。

如果提出离婚的是有过错方，而无过错方不同意离婚也不提起损害赔偿请求的，可以在离婚后一年内单独提起损害赔偿，如果在一审没有提出，在二审时还可以提出，人民法院可以调解，调解不成，径行判决。

另外，夫以妻擅自中止妊娠侵犯其生育权为由请求损害赔偿的，人民法院不予支持。

在具体判决赔偿数额时，身体伤害的赔偿以实际发生数额计算，精神赔偿适用最高人民法院2001年3月出台的《关于确定民事侵权精神损害的责任若干问题的解释》的有关规定。

离婚后孩子的抚养问题

（一）抚养费

抚养费是对未成年人的健康成长所必需的费用，主要包括日常的生活费、教育费、医疗费等内容。我国法律规定：离婚后，一方抚养子女，另一方应负担必要的生活费和教育费的一部分或全部。

抚养费的具体数额，可由双方协商确定，协商不成的，可起诉至人民法院，由人民法院依据子女的实际需要、父母双方的负担能力和当地的实际生活水平确定。应当支付抚养费一方有固定收入的，抚育费一般可按其月总收入的20%～30%的比例给付，负担两个子女的可适当提高，但最高一般不超过月总收入的50%。如无固定收入的，可依据当年总收入或同行业平均收入比照前面的比例计算。

抚养费给付截止的时间主要包括以下几种情形，子女未成年的，给付至子女成年；如果子女已满16周岁，未满18周岁，以自己的劳动收入为维持生活的主要来源的，可给付至16周岁；如果一直在校的，则给付至高中毕业。

（二）探望权

探望权是《婚姻法》在修改后新增加的内容。法律规定，离婚后不直接抚养子女的父或母有探望子女的权利，同时也规定，另一方有协助的义务。最高人民法院出台的婚姻法司法解释中规定，人民法院做出的生效的离婚判决中未涉及探望权，当事人就探望权问题单独提起诉讼的，人民法院应予受理，审理后进行调解或判决。

探望权的强制执行。对拒不执行有关探望子女的判决和裁定，可以申请人民法院依法强制执行。人民法院应对拒不履行协助另一方行使探望权的有关个人和单位采取拘留、罚款等强制措施，但不能对子女的人身、探望行为进行强制执行。

探望权的中止与恢复。未成年子女、直接抚养子女的父或母及其他对未成年子女负担抚养、教育义务的法定监护人，出于某种事实理由，为了未成年人的健康成长，有权向人民法院提出中止探望权的请求。人民法院在征询双方当事人意见后，认为需要中止行使探望权的，依法做出裁定。中止探望的情形消失后，人民法院应当根据当事人的申请通知其恢复探望权的行使。

婚姻中的遗产继承问题

遗产是指公民死亡时遗留的个人合法财产，其中包括财产所有权、债权、债务和法律规定可以继承的其他合法权益。

在认定公民死亡时遗留的个人合法财产时，必须具备三个要素：

第一，这部分财产应当是公民死亡时遗留的财产。公民死亡前已处理或转移了的财产，不是该公民的遗产。第二，这部分财产必须是公民个人所有的财产。公民与他人共有的财产，如家庭共同所有的财产、夫妻共有的财产、与他人合伙的财产等，不能统称为公民个人所有的财产。只有把他人所有的财产分出以后，其余的才能作为该公民的遗产。第三，这部分财产必须是合法的财产，即这部分财产属于法律和政策允许公民个人所有的财产。

根据《民法典》第一千一百二十条的规定，遗产是自然人死亡之时遗留的个人合法财产。依照法律规定或者根据其性质不得继承的遗产，不得继承。

配偶一方亡故，家庭财产如何分配

婚姻存续期间，如果配偶一方亡故，那么首先应当对家庭财产和夫妻共同财产进行分割，以确定亡故一方遗产的范围。比如说，如果未成年子女的生活用品、接受赠与等方式取得的财产属于未成年子女所有而暂由其父母代为管理，当其父母死亡时，应对父母与代管之财产进行分割，应当将未成年子女的财产同父母的遗产分开，不得把未成年子女的财产作为父或母的遗产。

对于夫妻财产的分割，我国法律规定，夫妻在婚姻关系存续期间所得的共同所有的财产，除有约定的以外，如果分割遗产，应当先将共同所有的财产的一半分出为配偶所有，其余的为被继承人的遗产。因此，因配偶一方死亡而开始继承时，只能将夫妻共同所有的财产的二分之一作为死者的遗产，其余二分之一则属于尚生存的配偶的个人财产。

继承开始后，如有遗赠扶养协议，按协议办理；没有遗赠扶养协议有遗嘱的，按遗嘱办理；没有遗嘱的，按法定继承办理。

按照法律规定，遗赠扶养协议是指由遗赠人与扶养人、集体组织签订的有关抚养、遗赠的协议。遗嘱是公民依照法律的规定处分自己死后遗留个人财产的决定。公民可以立遗嘱将个人财产指定由法定继承人的一个或者数人继承，也可以立遗嘱将个人财产赠给国家、集体或者法定继承人以外的人。

法定继承是指由法律规定的继承人按照法律规定的顺序继承死者财产的法律制度。我国《民法典》确定的法定继承人有：配偶、子女、父母、兄弟姐妹、祖父母、外祖父母。《民法典》第一千一百二十七条规定，遗产按照下列顺序继承：

第一顺序：配偶、子女、父母；

第二顺序：兄弟姐妹、祖父母、外祖父母。

继承开始后，由第一顺序继承人继承，第二顺序继承人不继承。没有第一顺序继承人继承的，由第二顺序继承人继承。另外，我国的《民法典》中还规定了转继承和代位继承的制度，作为法定继承的补充。继承的顺序是根据继承人占被继承人的婚姻关系、血缘关系的远近以及彼此在经济上、生活上相互依赖的程度来确定的。

因此，如果配偶一方死亡，又没有遗嘱时，应由其配偶、父母和子女共同继承其遗产。

胎儿有继承权吗

我国法律规定，在遗产分割时，应当保留胎儿的继承份额。胎儿娩出时是死体的，保留的份额依照法定继承办理。

按照这一规定，如果死亡的被继承人留有尚未出生的胎儿，继承人分割遗产时，就应当为胎儿保留一定的遗产份额，以保证胎儿出生后的成长。

但如果在遗产继承时未发现有胎儿存在，未为胎儿保留相应遗产份额的，应从继承人所继承的遗产中扣回。